법과 성서와 역사
연구시리즈 제1권

民法思想史

金相容 著

법과 성서와 역사 연구소 / pnc publishing and culture 피엔씨미디어

법과 성서와 역사연구소의 설립 배경과 취지 그리고 운영방안

교수로서의 생활에는 정년이 있지만 학자로서의 삶에는 정년이란 없다. 평소에 늘 생각하였듯이, 직업인으로서의 교수생활은 쉽다. 그러나 학자로서의 교수생활은 자신의 능력과 열정을 다하는 荊棘의 길이라고 되새겼다. 정년은 교수로서의 직업인으로서의 생활은 그 끝에 왔지만, 학자로서의 삶을 어떻게 이어가는 것이 능력과 열정의 형극의 삶을 계속 이어갈 수 있을까라고 정년 전부터 고심해 왔다.

학문을 계속하는 방법에는 여러 가지가 있다. 그러나 필자는 연구소를 통한 연구의 계속을 구상하였다. 평소에 관심을 갖고 연구해 왔으나, 그 관심분야의 가장 기본적이고 기초가 되는 내용에 대해 연구를 하고 정리하여 책을 엮어 출판하는 일을 구상하였다.

필자는 법학, 그 중에서도 민법을 전공하였다. 실체민법을 주된 전공으로 연구하면서, 法史學에도 특별한 관심을 가지고 왔으며, 그리고 기독교인으로서 성서의 말씀과 법학의 조화에 관하여 관심을 가졌다. 교수로서의 생활중에는 민법을 연구하고 가르치고 논문과 책을 집필하는 것에 열정을 쏟았다. 교수생활중의 민법연구는 주어진 법의 해석론에 치중하였다. 민법이 어디서 와서 어디로 향해 가고 있는지에 관한 연구를 하긴 하였지만 부족하기 그지 없었다. 그리고 교회에 나가고 기도의 생활을 했지만 교회내에서의 생활과 교회밖에서의 일상생활이 서로 조화를 이루는 방법이 무엇일까에 관하여 고심을 해 왔다. 기도할 때와 사회생활을 할 때의 삶이 일치하여야 하는데, 불일치할 때가 많은 현실에서 신앙인으로서의 삶과 법학자로서의 삶의 조화를 위한 방안에 관하여도 관심을 가져왔다. 그러한 관심은 자연히 성서의 말씀에 대한 연구로 이어졌다. 그리고 법사학은 史學의 한 분야로서 법사학에 대한 관심은 자연스럽게 史學에 대한 관심으로 확장되었다. 이와같이 법, 그 중에서도 민법, 성서의 연구 그리고 역사의 연구가 필자의 연구의 중심분야가 되었고, 그 분야의 가장 기본적인 기초적인 내용에 대한 연구를 연구소를 통하여 계속하고 싶었다.

또한 이러한 법과 성서와 역사연구소를 설립하여 연구를 계속하게 된 계기는 독일에서 연구하던 중, 귀한 "법의 지배"라는 書名의 책을 접하였는데, 그 책이 출판된 배경에 관한 설명이 그 책의 맨 앞면에 쓰여져 있었다. 그 배경인즉, 영국의 어느 富豪의 미망인이 遺産으로 받은 그 많은 재산을 어디에 어떻게 쓸 것인가에 관하여 그 미망인은 그녀가 받은 유산을 신탁을 하고 그 신탁재산을 책을 집필하고 출판하는 일에 쓰도록 하였다. 책을 출판함에는 출판위원회를 두어 그 위원회가 집필을 의뢰하고 출판할 書名과 담아야할 내용을 결정하여 구체적으로 집필자를 선정하였다. 그 미망인의 일이 참으로 감동적이고 품위있는 일이라 생각되었다. 그리하여 필자는 학자로서 언젠가는 그 미망인과 같은 값진 일을 할 수 있기를 소망하기에 이르렀다.

연구소를 운영하고 사회적으로 값지고 읽을 만한 내용의 책을 출판하기 위하여서는 갖추어야할 전제조건들이 있다. 우선 연구소를 운영하는 사람이 어느 정도의 학문적인 위상이 공인되어야 하고, 연구소를 운영할 재원이 있어야 하고, 연구소의 연구분야가 특정되어야 한다. 그리고 연구소에서 열정적으로 연구소의 설립목적을 무던히 실천해 나갈 열정과 학문적인 순수성과 고귀한 사상과 이념을 가진 운영자가 필요하다.

필자는 열정적으로 연구한 결과로 독일의 훔볼트재단으로부터 훔볼트학술상을 수상하고, 곧이어 대한민국학술원의 최연소 회원으로 선임되는 영광을 가졌다. 이 일들이 필자로 하여금 연구소를 설립하여 운영을 할 수 있는 첫째의 조건은 부족하지만 인정받을 수 있을 것으로 생각하게 하였다. 그리고 재원은 대한민국학술원으로부터 지급되는 수당으로 조달할 수 있다고 판단하였다. 대한민국학술원 회원이셨으며 필자의 지도교수님이셨던 소천하신 황적인 선생님께서, 필자가 대한민국학술원 회원으로 선임이 되었을 때에 수당은 국가가 몇 안되는 학자에게 주는 귀한 금전으로서 생활비로 쓰면 안되며 오로지 학문하는데만 써야 한다는 당부의 말씀을 하셨다. 참으로 귀한 말씀이라 그 말씀을 실천할 수 있는 방법이 바로 연구소를 설립하여 국가가 주는 수당을 사용하는 것이 가장 적절하고 영광된 일이라고 판단하였다. 연구분야는 필자가 평소에 관심을 갖고 자료를 모으고 조금씩 연구하였던 분야로 정하였다. 그리고 법과 성서와 역사의 연구를 필자가 혼자서 다 할 수 없기 때문에 관련 연구분야의 전문가분들에게 원고집필을 청하여 집필자를 저자로 밝히고 연구소가 편찬하는 방법으로 연구소 시리즈로 출판할 구상을 하였다. 이러한 필자의 연구소의 설립과 운영구상을 출판사인 피앤씨미디어의 박노일 사장님께서 적극적으로 성원해 주시겠다고 하셨다. 그리고 이러한 필자의 관심분야의 연구가 필자가 없어도 영원히 이어지기 위해서는 연구소의 설립과 운영이 가장 적절한 방안으로 판단하였다. 그리고 설립초기에는 연구소를 비법인재단으로 운영하기로 마음의 결정을 하였다.

법과 성서와 역사 연구소는 그 초기에는 조용히 연구소의 연구분야에 한정하여 읽을 만한 책을 시리즈로 출판해 나가는 일을 하기로 하였다. 집필자분들에게는 적은 금액이지만 원고료를 지급하고, 저작권은 연구소로 양도하시도록 하고, 연구소의 시리즈로 출판을 하지만 집필자를 저자로 明記하고, 집필자의 연구경력과 연구실적을 붙이도록 하여 집필자의 학문적인 위상을 밝히도록 하였다. 그리하여 관련 전문가분들께서 자기의 연구결과를 연구소의 시리즈로 출판하고픈 소망을 가질 수 있는 시리즈로 엮어 나가기로 하였다.

그리고 연구소 시리즈로 출판될 책의 내용은 일반교양서보다는 높고 전문가들만이 이용할 수 있는 아주 높은 수준의 전문서보다는 조금 낮은 전문서로서 각주를 붙이고, 색인을 단 책으로 출판하기로 방침을 정하였다. 책의 양은 책을 한 번 읽기 시작하면 처음부터 끝까지 한 두 번에 다 읽을 수 있는 정도의 양으로서 그렇게 두껍지 않는 책으로 엮어나가기로 하였다.

이러한 연구소의 시리즈의 출판으로 전문가만이 아니라 일반인도 읽고 사색할 수 있기를 바라는 것이 필자의 소망이다. 사상이나 이념은 누가 누구에게 강요할 수 없고 강요해서도 안된다. 책을 읽고 스스로 사색하면서 스스로 자신의 내면으로 받아들여 자신의 사상으로 키워나가야 한다. 이러한 기본적인 사상과 이념으로 연구소에서는 좋은 읽을 만한 책을 엮어 출판을 해 나갈 뿐이다. 독서를 통하여 독자들이 스스로의 인격을 高揚하고, 독서층이 두꺼워지면 나라의 품격인 國格도 고양될 것이다. 그것이 필자가 법과 성서와 역사 연구소를 설립하여 운영하고자 하는 소망중의 소망이다.

필자는 연구소를 설립·운영하면서 순수를 지키면서 누구에게도 부담이 되지 않으며, 단기간에 성과를 얻기를 바라지 않는다. 어떠한 누구로부터 관심을 갖게 하기 위함은 철저히 배제한다. 인간의 역사는 영원히 계속될 것이기 때문에 긴 역사적인 안목에서 언제나 지금이 시작할 때라는 마음으로 연구소 운영을 하고자 한다. 좋은 책을 계속해서 출판을 하면 독자들이 있을 것이고, 독자들이 관심을 가져주면 연구소는 더욱더 좋은 책을 엮어낼 것이라는 믿음으로 연구소를 운영하고자 한다. 언제나 지금이 시작이라는 역사인식을 갖고, 영원히 활동을 하는 연구소로 키워 나갈 것이며, 필자의 가장 이상이자 이념인 정의와 이웃사랑의 사상과 가치를 실현할 수 있는 연구소의 시리즈로 엮어나갈 것이다.

인생은 짧지만 학문은 영원하다. 인간의 능력과 지식은 한계가 있지만 필자가 믿는 하나님의 권능은 전능하시다. 인간의 능력이 다하는 그 곳에 하님의 은혜는 시작된다. 인류보편의 가치가 인간을 성숙하게 하고, 인격적인 존재로 만들며, 나아가 세계의 평화와 번영을 가져다 준다. 법과 성서와 역사 연구소는 이러한 필자의 기본적인 인식과 사상을 이루고자 함이외에는 추호의 다른 목적을 갖지 아니한다. 오로지 순수로, 진리로, 보편적인 가치로, 신앙으로 운영하여 나간다.

법과 성서와 역사 연구소의 설립은 기도의 결과로 이루어졌으며, 전능자의 섭리와 은총으로 운영되어 갈 것이다. 전능하신 주님께서 밤낮으로 불기둥과 구름기둥으로 연구소의 장래를 인도해 주실 것임을 믿는다.

2016. 1. 30.
同志社大學에서
김상용 씀

머리말

법과 성서와 역사 연구소의 연구시리즈 첫 권으로 민법사상사를 집필하여 출판하게 되어 기쁘기 그지 없다. 그 동안 교수생활 중에는 현재의 민법을 연구하고 가르치고 해석·적용에 관한 탐구활동을 주로 하여 왔다. 그러다 보니 민법의 기초를 이루는 기본사상의 이해가 부족함을 느꼈으며, 민법이 어디서 어떠한 사상을 기초로 하여 생성되어 변화를 거듭하여 오늘에 이르렀으며, 앞으로는 어떠한 사상을 기초로 하여 어떠한 방향으로 발전해 나갈 것이며, 발전해 나가야 할 것인가에 대한 민법사상의 通史의 정리가 필요함을 느꼈다. 민법을 전공한 필자로서는 자연히 민법을 받치고 있는 민법사상의 흐름을 정리하여 이렇게 두껍지 않은 책으로 엮게 되었다.

민법은 인류의 시작과 함께 생성되었다. 인간은 사회적 존재이기 때문에 인간이 있는 곳에는 그 인간사회가 평화롭고 相扶相助하면서 그들의 삶을 이어가기 위해 규범이 필요하다. 그 규범이 바로 민법이었다. 그러나 오늘날 현재 효력을 갖고 있는 민법은 근대사회의 출현으로부터 생성된 근대민법이다. 그러므로 자연히 근대민법의 기초사상으로부터 민법사상사를 논함이 당연하다. 그러나 근대사회가 출현하여 근대민법이 생성되기 이전에도 민법은 있었고, 그 민법의 시대에도 그 시대의 민법사상이 있었다. 그리하여 본 민법사상사에서는 근대민법 이전의 민법사상들은 민법이 생성되기까지의 민법의 발전사에 대한 記述로써 그 민법사상사로 대신하였다.

근대민법의 사상을 이해하기 위해서는 근대사회의 출현에 대한 이해가 필요하다. 어떠한 사상이나 사회는 그 시대의 지도세력이 그들의 삶에 제약이 되는 前時代의 사상의 모순을 지적하여 극복하고, 전시대의 사회의 終熄을 고하고 새로운 사회를 열어가고자 하는 저항으로 이루어진다. 아마도 이러한 방식과 절차에 의하여 새로운 사상과 새로운 사회의 생성과 출현은 역사진행의 법칙으로 이해된다. 역사에는 비약은 없는 것으로 이해된다. 挑戰과 應戰의 역사진행의 방식으로 새로운 사상, 새로운 사회의 생성과 출현이 이루어지는 것으로 이해된다.

근대는 유산자계층이 중세에 저항하여 이룬 사회이다. 그것은 중세를 저항하고 근대를 이룰 수 있는 사상과 이데올로기를 담고 있다. 그리고 유산자계층이 중세를 극복하고 근대를 이루어간 指導勢力 내지 中心勢力이었기 때문에 자연히 근세는 유산자들의 인격과 재산을 보호할 수 있는 사상과 사회일 수 밖에 없었다. 그리하여 근대사회는 자본주의사회로 출현하였으며, 자본주의사회의 발전에 적합한 인간의 자유와 평등을 강조하고, 사회적 존재로서의 인간 서로 간의 관계는 兄弟愛로 결속할 수 있도록 하였다. 중세는 身分拘束的인 莊園經濟의 사회였다. 이러한 중세에 저항하여 극복하고 새로운 근대를 이끌어 간 기초가 경제적으로는 자본주의, 사상적으로는 자유주의, 개인주의였으며, 공동체의 평화유지를 위한 사상이 바로 형제애, 즉 사랑의 정신이었다.

근대민법의 사상도 자연히 이러한 중세를 이기고 근대를 이룬 社會相을 이끌어 가는 사상 그것일 수밖에 없었다. 그리하여 근대민법의 사상은 개인에게는 개인주의와 자유주의, 공동체에게는 형제애였으며, 경제는 자본주의를 추구하였다. 이러한 사상과 경제는 근대사회를 연 주된 세력인 유산자계층에 가장 부합되고 가장 유익을 주는 사상과 경제이었다.

그러나 어느 사상이나 경제도 시대가 지나고 주변여건이 변화를 하게 되면, 모순이 나타나기 마련이다. 근대민법의 개인주의, 자유주의, 형제애의 정신도 근대자본주의의 발전과 함께 貧益貧, 富益富의 모순현상이 일어났다. 근대 초기에 자신을 유산자계층에 속한다고 생각하였던 무산자계층에게는 유산자들의 이데올로기가 그들에게는 오히려 자신들의 인격을 억압하고, 자본주의는 무산자들에게는 자신의 몸을 상품으로 팔아 수익을 얻는 것 외에는 아무런 경제적인 이익을 가져다 주지 못하는 모순현상이 일어났다. 이러한 시대변화에 맞추어 근대의 유산자계층의 이데올로기에 무산자계층의 저항이 일어나기 시작하여 근대의 사상과 경제도 변화를 하지 아니할 수 없었다. 이러한 무산자계층의 유산자계층에 대한 저항사상은 사회주의로부터 일어났다.

사회주의는 무산자계층의 해방과 인격적인 삶을 위하여 근대 자본주의를 비판하면서 생성되었다. 사회주의는 근대자본주의, 근대의 자유주의, 개인주의를 근본적으로 변혁하고자 하였다. 그러나 너무 극단적인 사회주의는 유산자계층의 죽음을 의미하기 때문에 좀 온건한 사회주의, 즉 사회민주주의의 사상이 무산자를 살리면서 또한 유산자의 동의를 이끌어낼 수 있는 사상으로 확산되었다. 또한 온건한 사회민주의자들이 정치권력을 쟁취하게 되었다. 그것의 대표적인 역사의 진행이 바로 사회민주주의의 독일 바이마르 공화국이었다.

바이마르 공화국 헌법에서 극단적인 자유주의와 개인주의에 제약을 가하고 유산자와 무산자가 다함께 인간적인 삶을 살아갈 수 있는 평등의 이념을 강조하는 규정을 입법하였다. 그러므로 민법에서도 그 사상을 받아들이고, 그 사상의 구체적인 실천규정을 두는 방향으로의 이론과 민법의 수정이 이루어지게 되었다. 이러한 근대초기의 유산자계층의 민법사상의 근간은 그대로 유지하면서 무산자의 인격과 삶도 신장시킬 수 있는 사상으로 수정을 하게 되었다. 이러한 민법사상은 앞으로 더욱더 모든 인간의 인간적인 삶을 실현할 수 있는 방향으로 발전되어 갈 것이며, 그렇게 발전시켜 나가야 한다.

그러나 근대민법의 기본사상이 온건한 사회민주주의에 의하여 수정은 되었지만, 여전히 사회의 중심세력은 유산자계층이다. 그리하여 온건한 사회주의인 사회민주주의에 의한 그들에 대한 제약을 극복하고 그들의 인격과 재산을 더 강하게 伸張하고 보호할 수 있는 신자유주의가 세력을 펼쳐나가고 있다.

그러면 앞으로 인류사회와 민법을 이끌어갈 기본사상은 어떠한 내용이어야 할 것인가? 저자는 이것에 관하여 정의와 이웃사랑의 사상과 이념이라 생각한다. 민법의 구체적인 내용은 이러한 정의와 이웃사랑을 실현할 수 있는 내용이어야 한다고 생각한다. 이는 역사진행의 세력은 유산자와 무산자 모두이며, 국가는 모든 시민이 인격적인 삶을 살 수 있도록 후원하는 조정적인 역할을 수행하여야 한다고 생각한다. 국가우월주의보다는 모든 시민을 위한 봉사자로서의 국가이어야 한다고 생각한다. 이러한 사상이 바로 앞으로의 민법의 기본사상이어야 하며, 그 내용은 정의와 이웃사랑의 사상이다. 법철학자 라드부르흐는 법의 이념을 법적안전성, 합목적성, 그리고 정의로 정립하였다. 그러나 그는 법적안전성이 가장 우위의 법의 이념이며, 정의는 법의 내용이 참을 수 없을 정도로 악법인 때에 비로소 정의가 법적안전성에 우선한다고 하여 그의 법의 이념에는 우선순위가 있음을 인정하였다. 이러한 라드부르흐의 법의 이념은 국가우월주의에 입각하고 있다고 생각되어, 저자는 법, 그 중에서도 민법의 이념은 정의와 이웃사랑이라는 결론에 이르렀다.

본 민법사상사는 이러한 시대의 흐름과 그 시대사상을 요약하는 방법으로 엮었다. 많이 부족하다. 그러나 배는 방향을 정하고서 항해를 해야 하듯, 민법도 목표로 하는 사상을 기초로 하여 그 사상을 실천하여 모든 사람이 살만한 사회를 이루도록 뒷받침하여야 한다고 생각한다. 이러한 민법의 사상을 정립하고 제시함에는 역사의 주인이 인간만이라는 인간의 오만을 억제하고, 이 지구의 창조자도 인간역사에 참여함하고 있음을 고백하는 저자의 입장이 반영되었음을 밝혀둔다.

부족한 이 민법사상사가 출판이 되어 세상에 빛을 보게 된 것은 피앤씨미디어의 박노일 사장님의 성원이 있어서 가능하였다. 박 사장님의 성원에 감사하고 감사하며, 피앤씨미디어의 융성을 마음으로부터 기원한다.

2016. 1. 31.

同志社大學에서

저자 씀

차 례

제 1 장

民法이란 法名의 始源과 변천

제1장 民法이란 法名의 始源과 변천

1. 始源: 로마법에서의 시민법(ius civile)

민법(ius civile, civil law, Zivilrecht, bürgerliches Recht, droit civil)이란 명칭은 로마제국에서의 시민법(ius civile)에서부터 유래한다. 로마시대에는 오늘날과 달리 법적용에 있어서 속인법주의(Personalitätsprinzip)를 취하였기 때문에, 로마법에서는 로마시민 상호간에 적용되는 법을 市民法(ius civile)이라 하고, 로마시민과 비로마시민 및 비로마시민 상호간에 적용되는 법을 萬民法[1](ius gentium)이라 하였다. 그러므로 로마제국에서는 민법이 오늘날과는 달리 일반법이 아니라 특별법이었다. 시민법은 로마제국내의 모든 사람간에 적용되는 것이 아니라 특권계층인 로마시민 상호간에만 적용되는 법이었기 때문에 로마시민법은 특별법 내지 특권층의 법이었다.[2)]

그러나 AD 212 년에 로마황제 카라칼라(Caracalla) 대제가 로마의

1) 로마법학자 가이우스(Gaius)는 만민법을 자연법이라고 하였다(Vgl. Emil Erich Hölscher, Vom Römischen zum Christilichen Naturrecht(Augsburg, Literar. Institut Haas und Grabherr, 1931), S. 15.). 이에 대해 울피아누스(Ulpianus)는 실정법인 시민법과 만민법에 속하는 비실정적인 법을 모두 자연법이라고 하였으며(Vgl. a. a. O., S. 14), 그는 자연법을 정의하여, 자연법은 모든 동물을 가르치는 법으로서, 동물에는 인간만이 아니라 육상동물, 바다동물, 새 등에 공통적인 법이라고 하였다(Siehe, D.(Digesta) 1. 1. 1. 3). 그러나 유스티니아누스 大帝의 로마법대전에서는 자연법에 관하여 명확히 정의하지 않았다(Vgl., a. a. O., S. 18).

2) BC 451년에 제정된 12銅版法이 대표적인 시민법이며, 그 외에도 민회와 원로원의 의결도 시민법이었다(김상용, 서양법사와 법정책(피앤씨미디어, 2014), 55면 참조).

全 帝國民에게 로마시민권을 부여함으로서 시민법과 만민법의 구별이 없어지게 되고, 시민법과 만민법이 하나의 시민법, 즉 민법으로 통합되었다. 시민법과 만민법의 통합에 의하여 비로소 민법이 특별법에서 일반법으로 전환이 되어 오늘에 까지 민법은 사법의 일반법의 위치를 유지하고 있다.

민법은 사법의 일반법이다. 그러나 역사적으로 살펴보면 민법인 시민법의 명칭이 먼저 사용되고, 법을 공법과 사법으로 분류한 것은 그 후 이었다. 공법과 사법으로의 법의 분류는 울피아누스가 하였으며, 울피아누스가 법을 공법과 사법으로 나눈 것은 로마가 황제중심으로 중앙권력이 강화되면서 로마시민들의 私生活에 관한 사법에도 황제가 간섭해 옴으로 이를 방지하기 위하여 황제가 간섭할 수 있는 법은 공법에만 제한함으로서 로마법의 발전에 기여하고자 하였기 때문이었다. 울피아누스가 법을 공법과 사법으로 분류하여 황제의 간섭없이 로마법의 발전을 위하여 학문적으로 대응하였으나, 이것을 이유로 울피아누스는 황제의 면전에서 피살되었다.[3] 울피아누스(AD 190－223 활동)가 법을 공법과 사법으로 나눈 그 시기에 사법인 시민법과 만민법이 통합되어 민법이 사법의 일반법으로의 지위를 갖게 되었다.

2. 變遷: 근대 시민사회에서의 민법

로마제국에서 시민법이 민법으로서의 法名으로 사용된 후에 근대 시민혁명에 의하여 근대시민사회가 열리고, 근대시민사회에서 제정법으로 민법이 제정될 때까지는, 비록 민사에 관한 내용의 입법을 함에 있어서도 민법이란 법명이 사용되지 아니하고, 제정자의 이름

3) Wolfgang Kunkel, Die Römischen Juristen (Köln, Böhlau Verlag, 2001), S. 246.

을 붙여서 법명으로 하거나 분방법 또는 도시법 등의 법명을 사용하였다. 이처럼 시민법이란 이름으로 민법의 법명이 사용되지 아니한 것은 로마제국에서 시민법이 발전 후에 중세의 봉건시대로 접어 들어가자 사람이 인간으로서의 대접을 받지 못하고 農奴(Leibeigene)로서 권리보다는 의무를 부담하는 주체로 인식되었기 때문이었다고 판단된다.

그러나 근대시민사회가 도래하고서는 모든 인간이 인격적인 존재로서 인간의 자유가 인정되고 모든 사람이 평등하게 다루어지게 됨으로서, 이러한 사람과 사람간의 관계를 규율하는 법을 민법이라 이름하게 되었다. 그리하여 1804년 프랑스 민법전(code civil)에서 처음으로 민법이란 법명이 사용되었다. 프랑스민법전의 제정 후 프랑스민법전의 영향을 받아 근대시민국가에서 민법이란 법명이 일반적으로 사용되게 되었다. 그 결과로 1811년에 제정된 오스트리아민법전(제정 당시에는 Das Allgemeine Bürgerliche Gesetzbuch für das Kaisertum Österreich라 칭하였으나 지금은 Allgemeines Bürgerliches Gesetzbuch(ABGB)라 칭한다)과 그 후 1863년에 제정되고 1865년부터 시행된 작센민법전(Bürgerliches Gesetzbuch für das Königreich Sachsen)이 민법이란 법명을 사용하고, 1896년에 제정된 독일민법전(Bürgerliches Gesetzbuch)도 동일한 민법이란 명칭을 사용하였다. 이러한 근대민법전은 시민법이다. 근대시민사회의 시민을 위한 私法典이 바로 민법전이었다.

한편으로 민법이라는 용어를 Bürgerliches Recht 대신에 Zivilrecht라고 표현하기도 한다. 그 대표적인 예로서는 1907년에 제정된 스위스민법전(Schweizerisches Zivilgesetzbuch)이다. 그러나 양 용어간에 차이는 없다.[4)]

---

4) Dieter Medicus, Allgemeiner Teil des BGB, 4. Aufl.(C. H. Beck, 1990), S. 7.

3. 繼受: 우리나라에서의 민법

우리나라에서 민법이라는 표현이 사용된 최초의 법령은 1895년에 발표된 洪範十四條이었다(동 제13조).[5)][6)] 우리나라에서 민법이란 명칭이 사용된 것은 일본에서 민법이란 법명을 사용하였기 때문이었으며, 일본에서의 민법이라는 법명의 사용은 민법에 대한 和蘭語인 Burgerlyk Regt를 민법으로 번역한 것이라고 한다.[7)] 일본에서는 1868년에 처음으로 津田眞道가 그의 저서, 泰西國法論에서 화란어 Burgerlyk Regt를 민법으로 번역하여 사용하기 시작하였으며, 1870년 일본구민법의 편찬사업착수시에 법전상의 용어로 사용되어 지금까지 변함없이 민법이란 법률명칭을 사용하고 있다.[8)]

이와 같이 1912년에는 민법전이 우리의 구민법전으로 그대로 依用되고, 1958년에 우리 민법전이 제정되어 민법이란 법명이 계속 사용되고 있다. 그리하여 민법이란 시민법이며, 시민상호간의 민사에 관한 법으로서 사인간의 재산관계와 가족관계를 규율하고 있다.

북한에서도 1950년에 민법초안을 만듦으로써 민법이란 법명이 사용되었으며, 1990년에 민법전이 제정되어 사회주의민법을 시행하고 있다. 북한에서 민법전이란 법명으로 민법전이 제정되어 있지만 우리와 같은 시민법으로서의 민법은 아니며, 북한의 민법전에는 재산관계만을 규정하고 있고, 친속상속법은 가족법과 상속법으로 나누어, 1990년에는 가족법을 2002에는 상속법을 별도의 법전으로 제정하여 시행하고 있다.

5) 民法注解[I]: 총칙(1) (박영사, 1992), 34면.
6) 홍범제14조는 조선왕조의 헌법적 선언이었다.
7) 김상용, 민법총칙(제3판), 화산미디어, 2014, 5면.
8) 穗積陳重, 法窓夜話(岩波書店, 1980), 180面.

제 2 장

근대민법의 제정과 그 사상적 기초

제 2 장 근대민법의 제정과 그 사상적 기초

제 1 절 근대민법의 제정

1. 개 설

근민민법의 제정은 1794년 프로이센일반주법(ALR: Allgemeines Landrecht für die preußischen Staaten)을 始發로 하여, 1804년에 프랑스 민법전(C.c: Code civil)이 제정되고, 1811년에는 오스트리아 민법전(ABGB: Allgemeines Bürgerliches Gesetzbuch)이 제정되었다.[1)] 독일민법전은 이러한 근대의 민법전이 제정되고 나서 독일에 계수된 로마법에 대한 학문적인 연구가 이루어진 독일의 보통법학인 판덱텐법학(Pandektenwissenschaft)에 의하여 계수된 로마법의 체계적인 연구가 더 이루어진 후인 1896년에 제정되었다. 판덱텐법학에서는 계수된 로마법을 총칙, 물권, 채권, 친족, 상속의 5편으로 나누어 체계적으로 연구가 이루어져, 이러한 판덱텐법학의 영향에 의하여 민법전이 5편으로 구성되어 편별·제정되었다. 이 판덱텐법학도 역시 결정적으로 자연법론의 영향을 크게 받았다.[2)] 이러한 민법의 편별방식을

1) 서양각국의 근대민법전의 공통적인 素材는 로마법, 교회법 및 자연법이었다(Vgl., Hans Thieme, Das Naturrecht und die europäische Privatrechtsgeschichte, 2. Aufl.(Basel, Verlag von Helbing & Lichtenhaben, 1954), S. 10).

판덱텐시스템(Pandektensystem)이라 한다.

판덱텐법학에 의하여 민법을 5편으로 나누어 연구하기 이전에 제정된 프로이센일반주법, 프랑스민법 및 오스트리아민법전은 모두 인스티투치오넨시스템(Institutionensystem)으로 편별·제정되었다. 인스티투치오넨시스템은 로마의 법학자 가이우스(AD 150－180 활동)에 의한 법의 분류방법으로서 법을 人法, 物法, 訴訟法 3편으로 나누어 편별하는 방법이었다. 그러나 근대민법전의 제정시에는 소송법이 별도의 독립법률로 독립하였으므로, 인스티투치오넨시스템을 취한 민법전은 인법, 물법 그리고 권리취득의 원인에 관한 법 3편으로 구성하였다.

이러한 근대민법전의 제정은 근대자연법론과 대륙에 계수된 로마법과 교회법을 바탕으로 하여 자연과학의 발달에 의하여 제정되었다. 물론 게르만법도 근대민법전의 제정에 素材로 이용되었지만 근대사회는 시민사회였으며 근대자본주의 경제체제의 시대에 제정되었기 때문에 자연히 거래법, 즉 채권법이 중요한 부분을 차지하게 되었으며, 로마법은 거래법이 발전된 법이었다. 그리하여 로마법을 주된 소재로 하여 근대민법전이 제정되었다. 또한 게르만법은 농경사회였던 게르만사회에 적절한 법인 물권법이 발전하였던 법이었으며, 상업사회가 아니었기 때문에 거래법은 크게 발전하지 못하였다. 그리하여 근대자본주의사회가 시작된 근대시민사회에서는 게르만법보다는 거래법이 강하였던 로마법이 계수되어 근대민법전의 소재로 활용되었다. 또한 게르만사회는 강력한 국가를 형성하지 못하고 오랫동안 공동체 생활을 하였기 때문에, 자연히 발달된 물권법에서도 공적인 규제가 강하여 개인의 자유로운 의사결정과 활동이 강하게 요청되었던 근대시민사회에서는 민법의 내용으로 물권법을 제정함

2) Thieme, a. a. O., S. 42. 판덱텐법학에서 자연법의 영향을 받은 법제도로서는 법률행위론, 계약, 의사표시, 착오, 대리, 물건 개념의 법리 등을 들 수 있다(Vgl., a. a. O., S. 42).

에 있어서도 게르만 물권법에서의 공법적인 요소를 모두 제거하고 사법적인 요소로만 물권법을 제정하여, 근대의 자유로운 소유권법 내지 물권법을 민법으로 입법을 하였다.

그리고 근대시민사회는 중세의 신분구속적인 사회를 극복하고 생성된 사회였으며,[3] 근대의 시민은 無産者(proletariat)가 아닌 有産者(bourgeoisie)로 상정되었다. 그리하여 근대민법전은 근대의 유산자들이었던 시민들의 자유로운 법적 활동을 보장하고, 시민들의 재산을 보장하는 내용으로 구성되었던 것이었다.

또한 시대적으로도 중세의 농노의 억압된 상태에서 해방된 자유인의 시대를 이루어 이러한 자유시민정신 내지 자유시민사회는 중세의 신분구속적인 사회에 저항하는 이데올로기였으며, 동시에 자유로운 미래 사회를 여는 새로운 시대정신이기도 하였다. 그리하여 근대시민사회는 이러한 개인의 인격을 존중하는 유산자 계층의 자기의사에 의한 자유로운 활동을 보장하고, 자유로운 활동으로 얻은 재산을 절대적으로 보호하는 방향으로 발전하게 되었으며, 이러한 시대정신을 실현할 수 있는 법이 당시에 계수된 로마법이 있었으며, 민법을 제정할 수 있는 국가의 강력한 중앙권력이 형성되어 있었기 때문에 자유로운 근대민법전이 제정될 수 있었다.

이와 같이 근대민법전의 제정은 자유로운 민법전을 제정할 수 있는 제조건이 충족되어 비로소 가능하게 되었다. 거래법 중심이었던 로마법이 계수되어 대륙에 일반법으로서의 효력을 가졌으며, 자연과학, 특히 기하학, 수학등의 발전으로 법도 역시 자연과학에서와 같이 질서정연하게 입법하여야 한다는 입법론이 제기되었으며, 입법을 할

3) 중세와 근대의 시대구분에 관하여 대체로 서로마제국이 멸망한 AD 465년을 기점으로 중세의 시작으로 보며, 1453년 동로마제국의 멸망, 1492년 콜럼부스에 의한 신대륙의 발견 및 1517년 루터에 의한 종교개혁의 시기를 기준으로 그 때 부터를 근대로 구분한다. 현대는 대체로 1945년 세계 제2차대전 종전 후 부터로 봄이 적절할 것 같다.

만한 국가의 중앙권력이 절대주의와 그 후 강력한 국가권력의 유지로 근대민법 제정을 추진할 수 있는 입법주체가 형성되었으며, 그리고 근대자연법론의 영향으로 인간은 이성적 존재이며, 인간의 이성의 존중과 자유로운 활동의 보장이 강하게 주장되어 이를 인권문서에서 확인을 하였기 때문이었다. 그리고 자본주의 경제에서는 경제활동자들에게 예측가능성과 안정성이 보장되어야 하였기 때문에, 경제활동의 예측가능성과 안전성을 보장할 수 있는 성문법인 민법의 제정이 강하게 요청되었다. 그 결과 개인의 인격과 이성의 존중, 개인인격과 이성에 의한 자유로운 활동과 개인의 재산을 절대적으로 보장하는 근대민법전의 제정이 이루어진 것이었다. 그리고 중세에는 의무중심의 사회이었으나 근세는 권리중심의 사회로 전환하였다. 그리하여 근대민법전도 권리본위로 입법이 되었다.

그리고 이러한 자유, 평등, 박애의 근대민법의 기초사상 중에서 자유와 평등 사상은 인권와 인격권의 보호사상의 강화와 국제적인 보호로 발전함으로서 민법에서도 더욱 강하게 작용한 사상으로 발전하여 왔다. 그러나 이웃을 배려하는 박애 내지 형제애의 사상은 인간의 이기심을 부추키는 자본주의의 극단적인 발전으로 오히려 약화되는 방향으로 발전되었다고 판단된다. 근대 산업혁명이후의 노동자의 자본가에게의 예속현상, 오늘날 신자유주의(neoliberalism)의 영향에 의한 가진 자와 갖지 못한 자간의 양극화 현상은 민법의 기본사상으로의 박애 내지 형제애가 약화된 징표라고 판단된다.

2. 근대민법전 제정까지의 민법발전의 역사적 과정

(1) 로마 古典時代의 로마법

로마는 서력 기원전 753년에 도시국가(civitas)로 건국하여 1453년에 동로마제국이 오스만제국에 의해 멸망할 때까지 존속하였던 大帝國으로서 역사상 가장 長久한 기간동안 존속하였던 帝國이었다. 이렇게 장구한 기간 동안 존속하였던 로마제국은 세계를 3번 制覇하였다. 첫 번째는 정치와 무력에 의하여 세계[4]를 제패하고, 둘째는 기독교에 의하여 세계를 제패하고, 세 번째는 로마법에 의하여 세계를 제패하였다.[5]

로마법은 시초에는 관습법으로 형성되었으며, 법적용에 있어서는 속인법주의를 취하였기 때문에 로마시민 상호간에 적용되는 市民法(ius civile)과 로마시민과 비시민간 및 비시민상호간에 적용되는 萬民法(ius gentium)으로 분리되어 있었다. 로마는 BC 451년에 당시의 관습법으로 존재하였던 로마시민들에게 적용되었던 시민법을 民會(comitia)의 의결을 거쳐 성문법인 12銅版法(lex duodecim tabularum; Zwölftafelgesetz)으로 제정하였다. 12동판법이 제정된 이후에는 同法의 해석을 통하여 로마시민간의 법률관계가 규율되었다.

그러나 로마가 제2차 三頭政治[6]를 끝내고 카이사르 옥타비아누스(Gaius Julius Caesar Octavianus: BC 63－AD 14: 元首로의 재위: BC 27－AD 14)가 元首(Augustus)로 등장한 BC 27년부터 로마는 중앙집권적인 제국으로 발전하기 시작하여 디오클레티니아누스帝(Gaius Aurelius Valerius Diocletianus: 추정 245년－추정 312년; 재위: AD 284－AD 305) 로마제국을 동서로마제국으로 나누어 통치하여야 하겠다는 구상을 한 AD 284년

4) 당시의 세계는 서유럽을 의미하였다.

5) 이는 근대의 로마법학자이었으며 목적법론자이었던 Rudolf von Jhering(1818－1892)에 의해 주장되었다. 그는 그의 저서 로마법의 정신(Geist des römischen Rechts auf dem verschiedenen Stufen seiner Entwicklung)에서 이러한 주장을 하였다(Siehe, Rudolf von Jhering, Geist des römischen Rechts auf dem verschiedenen Stufen seiner Entwicklung, Teil 1(10. Aufl., 1968), S. 1)).

6) 제2차 삼두정치는 기원전 43년에 옥타비아누스(BC 63－BC 14 생존: BC 27－BC 14 집권), 마르쿠스 안토니우스(BC 83－BC 30), 마르쿠스 아이밀리우스 레피두스(－BC 13)의 3인이 공동으로 이끌던 로마의 군사정권으로서 최종적으로는 BC 27년에 옥타비아누스가 元首(Augustus)가 되어 1인의 원수정시대가 시작되었다.

까지의 약 300년 기간 동안 로마법이 가장 발달하였다. 이 기간을 로마法史에 있어서 古典期(klassische Zeit)라 한다. 이 기간 동안은 로마제국이 영토가 가장 넓었으며 문화적으로는 로마법이 가장 발달하였다. 정치적으로는 元首에 의한 중앙집권적인 국가였다.

이 고전기 기간 동안에 로마법을 발전시킨 主役은 법학자들(jurisconsulti)이었다. 고전기 로마법학자들은 황제의 勅法 制定에 의견을 제시하는 방법으로, 법학자가 法務官(praetor), 高等按擦官(aediles curules) 등의 국가의 관직에 나아가 법무관 등에게 주어진 告示權의 행사를 통하여 또는 소송절차에서 법률문제에 관하여 자신의 의견을 제시하는 방법 등으로 법학자들이 그들의 법적의견을 제시하였다. 그리고 법학자들이 法書를 집필하기도 하였다. 이와 같이 고전기의 로마법학자들은 그들의 법적의견을 개진하거나 고시권을 가진 관직에 나아가 告示(edictum)의 방법으로 로마법을 발전시킨 것이었다.

법무관은 관직에 오르면 그의 임기 중에 소송절차에서 취할 그의 의견을 告示하였다. 이러한 고시가 모여 법무관법을 형성하였다. 로마법학자들은 이러한 고시권을 가진 관직에 나아가서 직접 고시하기도 하고, 고시권을 가진 사람이 고시를 함에 법학자 자신이 의견을 개진하는 방법으로 로마법을 형성하고 발전시킨 것이었다. 또한 로마법학자들은 법률의 해석과 해답 등의 法鑑定을 통하여서도 로마법을 발전시켰다.

로마법학자들은 私人이었지만 고전기에 법학자들 중에는 元首의 이름으로 법률을 해답할 수 있는 원수의 권위가 부여되었다. 이러한 로마법학자들이 법을 해답함에 대한 원수의 권위는 티베리우스帝(Tiberius Julius Caesar Augustus: BC 42－AD 37, 재위: AD 14－37)가 처음으로 부여하였으며, 하드리아누스帝(Publius Aelius Trajanus Hadrianus: AD 76－AD 138, 재위: AD 117－AD 138)는 원수의 권위를 받은 법학자들의 일치된 견해에 대해서는 민회에서 의결된 법률과 동일한 효력

을 인정하였다.[7)8)]

로마법학자들이 勅法의 제정에의 의견개시, 소송절차에의 참여, 고시에의 참여, 법률해답 등의 법감정의 일을 통하여 로마법을 발전시켜 나감에 있어서는 추상화, 일반화 보다는 구체적인 법적 사건에 구체적인 답을 하는 방법의 카주이스틱한(kasuistisch) 방법으로 이루어졌다. 추상화, 일반화의 방법보다는 구체적인 사건에 대한 구체적 타당성있는 의견의 開示로 로마법을 발전시켰다. 그것은 추상화, 일반화를 하게 되면 개별적 사건의 고유한 특수성이 몰각되는 결과에 이르게 되기 때문에, 개별 사건의 고유한 특징, 특성을 그대로 인정하고 법적문제를 해결해 나가고자 하였기 때문이었다.

이와 같이 로마제국에서는 로마법이 고전기에 법학자들의 구체적인 사건에 대한 창의적인 법감정, 법의견의 제시의 방법으로 고도로 발전하게 되었으며, 고전기의 로마법 발전에 기여한 사상은 四海同胞主義를 핵심적인 내용으로 한 그리스에서 발전된 스토아철학이었다.[9)] 또한 그리스에서 배태되어 발전된 스토아철학은 로마제국에 傳授되어 고전기의 로마제국의 사상가들이 스토아철학을 더욱 발전시켰으며, 스토아철학의 영향으로 로마법은 자연법적 사상에 기초하여 형성되고 더욱더 자연법적으로 발전되어 갔다. 따라서 로마제국의 고전기의 로마법은 그 시작부터 사해동포주의적인 사상을 담은 인류보편적인 가치 내지 사상을 담아 법으로 형성되고 발전하게 되었다. 이처럼 세계민법의 실질적인 역사적 출발이 된 법인 로마제국

7) 김상용, 법사와 법정책: 로마민법학사 중심(한국법제연구원, 2004), 66면.

8) 그러나 왕권이 강화되어 원수정에서 專主政으로 바뀐 후, 디오클레티니아누스제 때에 와서는 원수의 권위를 부여하지 않음으로써 원수의 권위부여는 종료하게 되었다.

9) 기원전 3세기에 형성된 스토아철학에서의 사해동포주의는 기원전 334년에 시작된 마케도니아의 알렉산더 대왕의 동방원정에 의하여 마케도니아가 대제국으로 발전함으로써 다민족의 제국을 통합적으로 다스리기 위한 사상으로 주장되었다(Vgl., Hannes Leidinger, Verna Moritz, Sozialismus (Köln, Böhlau Verlag, 2008), S. 34).

의 古典期의 로마법은 스토아철학의 사해동포주의의 사상적 기초위에서 인류보편의 가치를 담은 내용으로 시작을 하게 되었다.

고전기에 활약하였던 로마법학자들로서는 켈수스(父 Celsus: AD 96－AGD 98 활동, 子 Iuventus Celsus: AD 100－AD 130 활동), 가이우스(Gaius: AD 150－AD 180 활동), 파피니아누스(Aemilius Papinianus: AD 170－AD 212 활동), 울피아누스[10](Domitius Ulpianus: AD 190－AD 223 활동), 파울루스(Iulius Paulus: AD175－AD 230 활동), 모데스티누스(Herennius Modestinus: AD 210－AD 250 활동) 등이었다.[11][12]

이러한 고전기의 법학자들 중에서 울피아누스는 법(ius)이란 정의(iustitia)에서 왔다고 하였으며, 켈수스는 법이란 선과 형평의 기술(Das Recht ist die Kunst des Guten und Gerechten)이라고 하였다. 켈수스에 의하면 법학(die Rechtswissenschaft)은 선과 형평을 다루는 학문으로 이해되었다. 그리하여 로마에서는 법률가는 정의의 목자(Priester der Gerechtigkeit)로 불리었다.[13] 그리고 정의에 관하여 아리스토텔레스는 덕(Tugend)이라고 하였으나, 로마법학자들은 정의를 각자에게 그의 권리를 주려는 항구적이고 지속적인 의지(Der ständige und fortdauernde Wille, einem jeden sein Recht zuzuleiten)라고 하였다.[14]

---

10) 울피아누스는 법의 요청은 명예를 존중하고, 타인을 害하지 아니하고, 각자에게 그의 것을 나누어주는 의무라고 하였다(Vgl., D(Digesta). 1. 1. 10. 1; I(Die Institutionen). 1. 1. 3). 그리하여 울피아누스가 민법을 의무중심으로 구성하였다(Vgl., Gerhard Buchda, Das Privatrecht Immanuel Kants (Jena, Frommannsche Buchdruckrei (Hermann Pohle), 1929), S. 13). 이러한 의무중심의 민법은 근대에 와서야 비로소 권리중심의 민법으로 전환하게 되었다.

11) 더 상세한 고전기의 로마법학자들에 관하여는, 김상용, 前揭 법사와 법정책: 로마민법학사 중심, 75면 참조.

12) 울피아누스와 가이우스는 다 함께 로마인이 아닌 소아시아의 동방인이었다(Vgl., Emil Erich Hölscher, Vom Römischen zum Christlichen Naturrecht (Augsburg, Literar. Institut Haas und Grabherr, 1931), S. 14). 특히 울피아누스는 법률가는 정의의 설교자(Priester der Gerechtigkeit)라고 하였다(Vgl., a. a. O., S. 46).

13) Klaus Adomeit, Rechts－ und Sozialphilosophie: Antike Denker über den Staat I, 3. Auf.(Müller, 2001), S. 147.

14) A. a. O., S. 149.

(2) 로마법大全(Corpus Iuris Civilis)의 편찬

로마제국에서 고전기가 끝나고 로마제국은 테오도시우스 I세(Flavius Theodosius: AD 347－AD 395, 재위: AD 379－AD 395) 때인 AD 395년에 결국 동·서로마제국으로 분열이 되었다. 따라서 로마제국은 고전기에 최고도로 발전하고 그 다음부터는 專主政의 시대로서 쇠락의 길을 걷게 되었다. 로마제국의 국력의 쇠퇴로 결국 찬란했던 고전기의 로마법도 그 발전을 중단하게 되었다.

이러한 때에 AD 312년에는 당시의 로마제국의 황제였던 콘스탄티누스 I세 大帝(AD 272－AD 337, 재위: AD 306－AD 337)가 기독교를 자신의 신앙으로 받아들이고, AD 313년에는 밀라노칙령[15](Edictum Mediolanense, Edict of Milan)에 의하여 기독교에 대한 寬容을 선포하고 기독교에 대한 박해를 끝냄으로써 기독교를 공인[16]하게 되었다. 그리고 AD 395년에는 테오도시우스 I세가 기독교를 로마제국의 國教로 하고, 異教徒를 탄압하였다.

AD 330년에는 로마제국의 首都를 로마에서 콘스탄티노플로 이전하였다. AD 375년부터 게르만민족의 이동이 시작되어 서로마제국은 결국 AD 476년에 게르만 민족에 의하여 멸망하게 되고 동로마 제국만이 남게 되었다.

이처럼 고전기가 끝나고서 로마제국은 국력의 쇠퇴로 로마제국이 동서로마제국으로 나뉘고, 게르만민족에 의하여 AD 476년에는 서로

15) 밀라노 칙령은 313년 2월에 서로마 지역을 다스리던 콘스탄티누스 1세와 동로마 지역을 다스리던 리키니우스(AD 308－324 재위)가 밀라노에서 합의한 정치조약으로서, 그 칙령에서는 다른 종교와 마찬가지로 로마 기독교를 공인하였으며, 로마 제국내의 모든 사람에게 신앙의 자유를 허용해 주고 기독교인에게 교회를 조직할 권리를 포함한 법적인 권리를 보장해 주었으며, 기독교 탄압시대에 몰수한 교회의 재산을 반환하고 이에 대해 국가가 충분한 보상을 주도록 하는 내용이었다.

16) AD 244년에는 이미 基督教徒가 황제(Philipus帝: 재위: AD 244－AD 249)로 등극하였다.

마제국이 멸망하고 동로마제국만이 남게 되었다. 그리하여 로마제국은 영토도 줄어들고 로마문화의 중심이었던 로마법문화도 로마법학도 쇠퇴하게 되었으며, 이에 代替하여 기독교가 로마제국의 신앙이면도 동시에 로마법에 대체하여 학문의 대상이 기독교신학으로 바뀌게 되었다.

그러나 기독교가 로마제국의 국교가 되고 로마황제의 보호를 받게 됨으로써 기독교는 세속권력인 로마제국의 庇護아래에서 성장하게 되었다. 그러므로 자연히 로마제국의 행정조직을 따라서 교회의 조직화가 진행되고, 이러한 기독교의 조직화와 교회의 治理를 위해서 로마법이 교회에 받아들여 지게 되어, 세속의 로마법이 교회치리를 위해서 활용이 되었다. 그 결과로 "교회는 로마법에 따라서 산다"(Ecclesia vivit lege Romania: Die Kirche lebt nach römischem Recht)라는 法諺이 생겨났다. 따라서 로마법이 교회와 결합하게 되어 중세교회법의 형성과 발전에 크게 영향을 미쳤다.

기독교가 로마제국의 국교로서 조직화가 진행되고 로마법을 받아서 교회치리가 이루어지고, 기독교의 신학이 학문적으로 연구되고 있는 동안에, 다른 한편으로 세속권력인 동로마제국에서는 오랫동안 침체기를 겪고난 다음에 동서로마제국의 통합과 찬란했던 고전기 로마제국을 다시 회복하려는 기운이 싹트기 시작하였다. 이처럼 고전기 로마제국의 재현을 위하여 노력한 동로마제국의 황제가 바로 유스티니아누스 大帝(Flavius Petrus Sabbatius Iustinianus: 482년경-565, 재위: 527-565)였다. 유스티니아누스 대제는 서로마제국의 영토를 상당 부분 회복하고, 콘스탄티노플에 로마의 베드로 대성당에 버금가는 소피아대성당을 건축하였으며, 무엇보다도 그는 고전기의 찬란했으나 사라졌던 로마법의 再現을 위해 로마法大全(Corpus Iuris Civilis)을 편찬하였다.

유스티아누스대제의 로마법대전은 하나의 법전이 아니라 4개의 법전으로 구성되어 있었다. 유스티니아누스 대제는 529년에 유스티니아누스 大帝이전의 황제들의 勅法들을 모아 이를 법전으로 편찬하였는데 그 법전이 바로 舊勅法彙纂(codex vetus)이었다. 그리고 유스티니아누스대제는 533년에 주로 고전기 법학자들의 학설을 모아 법전을 편찬하였는데 그 법전이 學說彙纂(Digesta: Pandektae)이었다. 유스티니아누스大帝는 동년에 초학자들과 관리들을 위한 법입문서인 法學提要(Institutiones)를 편찬하였다. 법학제요는 법률교과서이었으나 당시에는 현행법으로서의 효력이 인정되었다. 그리고 유스티니아누스 대제의 사후에 유스티니아누스 대제의 칙법들을 모아 개인이 편찬한 사찬의 新勅法(Novelle)을 편찬하였다. 신칙법이외는 모두 공찬의 법전들이었다. 이러한 구칙법휘찬, 학설휘찬, 법학제요, 신칙법의 4권의 법전을 합하여 1583년에 프랑스의 복고주의법학자였던 고토프레두스(Dionysius Gothofredus)가 1582년에 출판된 敎會法大全[17](Corpus Iuris Canonici)에 대항하기 위해서 로마법대전이란 이름을 붙였다.[18]

로마법대전중에서 가장 중요한 법전이 학설휘찬이었다. 학설휘찬은 고전기에 찬란했던 로마법시대를 재현하고자 유스티니아누스 대제가 주로 고전기의 법학자들의 학설을 모아 이를 법전으로 편찬한

17) 교회법대전도 하나의 법전으로 구성된 것이 아니라 1140년 私撰의 그라티아누스 교령집(Decretum Gratiani), 1234년 公撰의 그레고리우스 9세 교령집(Liber Extra), 1298년 역시 공찬의 보니파티우스 8세 교령집(Liber Sextus), 1317년 공찬의 클레멘스 5세 교령집(Clementines)과 사찬으로 편찬된 요한 22세 교령집 추록(Extravagantes Joannis XXII)과 보통교령집 추록(Extravagantes Communes)을 합하여 1582년에 편찬되어 공포된 교회법의 법전이다. 이러한 교회법의 법전을 통하여 중세 교회법의 발전을 알 수 있으며 이러한 교회법전에는 로마법의 내용도 담겨져 있고, 로마법의 내용을 수정·발전시킨 독자적인 교회법의 내용도 담겨져 있다. 이러한 교회법이 중세의 유럽대학에서 로마법과 함께 가르쳐 졌으며, 로마법과 교회법이 근세 유럽에서 보통법(ius commune: gemeines Recht)이 되었으며, 이 보통법을 학문적으로 연구한 법학이 보통법학 또는 판덱텐법학이라 하며, 판덱텐법학의 연구결과에 기초하여 현재의 독일민법전(BGB)이 제정되었다.

18) 로마법대전의 편찬의 구체적인 과정에 관하여는, 김상용, 전게 서양법사와 법정책, 93−104면 참조.

것이었다. 고전기의 법학자들이 활동하였던 시기와는 300여년 후에 학설휘찬을 편찬하였기 때문에 고전기 그 당시와는 시대사정이 많이 달랐음에도 불구하고 유스티니아누스 대제는 로마제국이 가장 찬란하였던 고전기 로마제국의 부흥을 염원하여 이렇게 고전기 법학자들의 학설을 모아서 학설휘찬으로 편찬한 것이었다. 그러므로 학설휘찬으로 인하여 고전기 법학자들의 학설을 알 수 있게 됨으로써 학설휘찬은 고전기의 로마법을 구성하였던 법학자들의 학설을 이해할 수 있는 중요한 자료이며, 이 학설휘찬이 로마법대전 중에서도 가장 중요한 법전이며, 후대의 이 학설휘찬의 연구에 의하여 로마법이 더욱 발전하고 근대에 서양대륙에 로마법이 계수될 수 있었다.

학설휘찬을 편찬함에 있어서는 유스티니아누스대제의 시대가 로마제국의 고전기와는 많이 변천하였기 때문에 고전기의 로마법학자들의 학설을 모아 편찬하는 과정에 유스티니아누스대제의 시대에 부합되게 고전기 법학자들의 학설을 다소 수정을 하였다. 이러한 수정을 interpolatio라 하며, 이 interpolatio의 연구에 의하여 고전기 법학자들의 原學說을 알 수 있게 되었다. 특히 interpolatio는 당시의 기독교 사상의 영향에 의하여 로마법이 더욱더 순화되었다.

(3) 로마법의 도덕신학에 의한 醇化와 로마법에 대한 학문적 연구

가. 로마법의 도덕신학에 의한 순화와 교회법, 교회법학의 형성

동로마제국의 유스티니아누스 대제에 의하여 로마제국의 古土를 상당히 회복하고 로마법대전의 편찬에 의하여 고전기 로마법의 재현을 위한 노력을 하였으나, 동로마제국은 쇠약한 제국으로서 찬란했던 고전기의 로마제국의 재현을 이루지 못하고 이슬람제국의 유럽에로의 확장을 방지하는 역할만을 하였다. 그리하여 자연히 성문법전으로 편찬된 로마법대전도 역사속에 사라지고 학자들의 관심의 대상이 되지 못하였다.

이러한 시대사정하에서 기독교도 역시 서로마제국에서는 로마교회의 首位(Primat)에 의하여 교황을 중심으로 조직화되고, 教父들에 의하여 신학이 발전하고, 그러한 신학의 발전은 교회내에서 활용되어온 로마법의 발전에 영향을 주게 되었다. 그리하여 점진적으로 신학, 그 중에서도 도덕신학(Moraltheologie)의 영향을 받아 로마법에 바탕을 둔 교회법이 그 기초가 된 로마법보다는 純化된 독자적인 법으로 발전하게 되었다. 그리하여 서로마제국과 그 후의 프랑크제국 및 신성로마제국에서는 교회법이 그 기초가 된 로마법과는 독립한 법영역을 형성하게 되었다. 그리하여 서로마제국과 그 후계국가에서는 세속권력은 로마법에 의하여 교회권력은 교회법에 의하여 그 각각의 지배영역을 치리하게 되었다. 그리고 중세의 교회권력이 세속권력을 지배하던 시대에는 세속사건에도 교회재판이 이루어져 세속사건에 교회법이 적용됨으로써 교회법이 로마법에 영향을 주어 로마법이 더욱더 순화되고 내용이 풍요로워지는 결과를 초래하였다. 교회법은 로마법과 함께 서유럽에서의 兩法으로 함께 연구되고 대학에서 가르쳐졌다.

이와 같이 서로마지역에서는 서로마제국이 멸망하고 게르만족의 국가들이었던 프랑크왕국과 그 후의 신성로마제국이 성립하였으나 세속의 황제권력이 동로마제국에서의 황제권력에 비해서는 약하였다. 그렇게 때문에 교황으로 대표되는 교회권력이 세속권력을 지배할 수 있게 되어,[19] 로마법을 바탕으로 하여 형성된 교회법이 로마

19) 교황이 세속의 황제보다 더 강한 권력을 행사할 수 있었던 것은 여러 가지의 이유가 있었지만 그 중에서도 신학적으로는 소위 兩劍理論(Zweischerterlehre)에 입각하고 있었다. 양검이론은 다시 창조자가 2개의 검을 교황에게 주었는데 그 하나는 교황이 갖고 또 하나는 교황이 황제에게 주었다는 이론과 창조자가 2개의 검을 하나는 교황에게 또 하나는 황제에게 주었다는 이론이 대립되었다. 전자의 이검이론, 즉 교황이 창조자로부터 2개의 검을 받아 그 중에 하나를 황제에게 주

법과는 다른 독자적인 법분야로 발전하였으며, 교회재판권이 세속사건도 다루게 됨으로써 교회법이 세속법이었던 로마법 발전에 기여하게 되었다. 특히 교회법은 도덕신학과 교부들이 발전시킨 자연법론의 영향에 의하여 로마법을 순화시키고 그 내용을 더 넓혀 로마법의 내용을 더욱더 풍성히 하게 되었다. 그리고 이러한 로마법과 교회법이 중세의 대학에서 가르쳐지고, 근세 유럽에서의 보통법으로 발전하게 되었다.

이처럼 교회법이 독자적인 법으로 생성되고 교회법이 세속사건에도 적용되자 교회에서는 교회법전을 편찬하기 시작하고, 교회법학이 발전하고, 교회재판권이 세속사건도 관할하는 교회법시대가 열리가 되었다. 그리고 로마법은 기독교의 도덕신학의 영향을 받아 더욱더 순화되고 그 내용이 고전기 로마법과 교회법대전에는 없었으나 교회법의 영향으로 새롭게 생성된 새로운 법제도들이 로마법의 내용으로 편입되어 더욱 풍성하게 발전되어 갔다.

교회법은 로마제국이 기독교를 공인한 후로부터 로마법을 바탕으로 하여 생성·발전되기 시작하여 약 700년에 걸쳐서 독자적 법영역으로 형성되었다. 그리고 서방교회가 동방교회와 완전히 분열된 1054년 후부터 서유럽에서의 교황을 중심한 서방교회는 교회법의 전성기를 맞이하여, 교회법전이 1140년에 그라티아누스 교령집(Decretum Gratiani)이 편찬되기 시작하여[20] 점차 1234년에는 그레고리우스 9세 교령집(Liber Extra), 1298년에는 보니파치우스 8세 교령집(Liber Sextus), 1317년에는 클레멘스 5세 교령집(Clementines)이 편찬되고, 1582년에는 위의 4권의 교령집에 요한 22세 교령추록(Extravagantes Joannis XXII)

었다는 이론은 교황우위의 이론으로 주장되었다. 그러나 후자의 창조자가 2개의 검을 각 하나를 교황과 황제에게 주었다는 이론은 황제의 권력과 교회의 권력이 동일하다는 황제측에서 주장한 이론으로 주장되었다.

20) 그라티아누스의 교령집 편찬이후에 비로소 교회법이 신학으로부터 독립을 하기 시작하였다(Vgl., Hölscher, a. a. O., S. 43). 그 이전에 교회에서의 법은 신학의 일부에 불과하였다.

과 보통교령추록(Extravagantes Communes)을 합하여 교회법대전(Corpus Iuris Canonici)으로 발간·공포되었다.

이와 같이 교회법은 기독교의 공인 후부터 로마법을 바탕으로 하여 형성되기 시작하여 11세기 중엽에 이르기까지 독자적인 법영역으로 발전하였으며, 11세기 중엽부터 대체로 16세기 말까지 약 500년의 기간 동안 교회법의 전성시대를 이루었다. 교회법의 전성시대에 교회법학이 생성되고, 교회법이 대학에서 가르쳐졌으며, 교회법원이 세속사건도 재판하는 교회재판제도가 널리 이용되었으며, 교회법이 로마법과 더불어 서유럽제국, 즉 당시의 신성로마제국의 일반법, 보통법(ius commune: gemeines Recht)으로 기능하였다.

나. 로마법에 대한 학문적 연구

로마법대전이 편찬되었으나 동로마제국의 쇠퇴로 로마법대전도 역사속에서 사라졌다. 그러나 1096년에 시작된 십자군 전쟁[21]의 준비를 위하여 이태리북부에 상업이 일어나게 되어 상거래에 필요한 법이 필요하였다. 이러한 시대적 필요성에 부응하여 로마법대전, 그 중에서도 1050년에 학설휘찬의 사본이 발견되고 1070년에서 1100년 간에는 보급용 학설휘찬(Digesta Vulgata)이 발간되어 학설휘찬의 보급이 확산됨으로써 11세기부터 학설휘찬에 대한 연구가 시작되었다. 그것이 바로 볼로냐법학교[22]에서의 註釋學派(Glossatoren)에 의한 로마법의 연구와 강의였다. 이 볼로냐법학교에서는 로마법은 물론 교회법도 함께 가르쳤다.[23] 주석학파 및 후기주석학파(Postglossatoren:

21) 십자군전쟁은 1096년 제1차 십자군 전쟁으로 시작되어 1291년 제8차 십자군 전쟁이 끝남으로써 종료된 기독교와 이슬람교 간의 종교전쟁이었다.

22) 볼로냐 법학교는 1088년에 설립되었다.

23) 그리하여 교회법학자(Kanonisten)들은 세속법학자(Legalisten), 즉 로마법학자(Romanisten)들로부터 배웠다. 그리하여 세속법이 교회법에 영향을 주었음을 쉽게 알 수 있다(Siehe, Stephan Meder, Rechtsgeschichte, A. Aufl.(Köln, Böhlau Verlag, 2011), S. 155).

Kommentaroren)에 의한 로마법의 연구에 있어서는 당시가 중세의 기독교가 지배하던 시대였기 때문에 신학적 자연법론의 영향을 강하게 받았다. 그리하여 주석학파, 후기주석학파의 학자들은 로마법을 자연법으로 승화시키는 내용으로 발전시켰다.[24] 중세의 로마법은 주석학파와 후기주석학파에 의하여 더욱더 윤리적, 보편적인 가치를 갖는 순화된 자연법적인 법으로 발전하게 되었다.[25]

주석학파를 이끈 로마법학자들은 주석학파의 실질적 개척자였던 이르네리우스(Irnerius: 1055년경–1130년경), 그 후의 불가리루스(Bulgarius: 11세기말–1166년경), 마르티누스(Martinus: 1157년경 사망) 등이었다. 이 주석학파는 학설휘찬의 法文에 주석을 다는 방법으로 학설휘찬의 내용을 연구하였다. 그러므로 주석학파는 시대의 변화를 고려함이 없이 유스티니아누스 대제가 편찬한 학설휘찬의 내용을 이해하기 위한 방법으로 법문에 주석을 다는 방법으로 로마법을 연구하였다. 이와 같이 성문법이었던 학설휘찬에 주석을 다는 방법의 주석에 의한 로마법 연구는 1220년에서 1240년 사이에 아쿠르지우스(Accursius: 1150년 경–1260년 경)가 주석학파 법학자들의 주석들을 정리하여 집대성한 표준주석서(Glossa Ordinaria)에 의하여 주석에 의한 로마법 발전의 극성시대를 이루었다.

주석학파를 이어서 학설휘찬을 더욱더 시대사정을 고려하여 좀 더 발전적으로 로마법을 연구한 학파는 註解學派(Kommentatoren)이었다. 주해학파는 학설휘찬의 내용을 실용화할 수 있는 방법으로 학설휘찬의 내용을 연구하였다. 주해학파 법학자들로는 바르토루스(Bartolus: 1314–1357)와 그의 제자였던 발두스(Baldus: 1327–1400)이었다.[26] 그리고 주해학파의 법학자들은 유스티니아누스 대제가 편찬

24) Hölscher, a. a. O., SS. 128–129.

25) 또한 중세에 교회는 신에 의하여 세워진 도덕과 법위의 자연적 도덕질서의 수호자(Hüterin)로 인식되었다(Vgl., Hölscher, a. a. O., S. 49).

26) 이러한 학설휘찬에 대한 주석 및 실용화의 연구방법과 볼로냐 대학에 관한 보다

한 성문법인 학설휘찬보다는 아쿠르지우스의 표준주석서를 더 가까이 하여 로마법의 실용화에 이바지 하였다.[27] 이와 같은 중세 주석학파, 후기주석학파에 의한 실용화를 위한 로마법의 연구를 로마법의 재생이라고 한다.[28]

이와 같이 로마법은 학설휘찬이 주된 내용을 담고 있었으며, 고전기 로마제국에서의 학설법으로서의 로마법에서 출발하여, 유스티니아누스 대제에 의하여 학설법이 학설휘찬의 성문법전으로 정리되었으며, 다시 주석학파와 주해학파에 의하여 교회법의 영향을 받으면서 주석된 로마법으로 발전하게 되었다. 그리하여 로마법이라고 하면 학설법으로서의 고전기의 로마법, 성문법으로서의 유스티니아누스 대제에 의한 로마법대전 중의 학설휘찬, 그리고 주석학파와 주해학파에 의하여 학설휘찬에 대한 주석을 단 주석로마법을 말하며, 근세에 유럽대륙에 계수된 로마법은 주석된 로마법이었다.

이렇게 로마법이 학설휘찬을 중심으로 하여 주석을 다는 방법으로 연구되었을 때에 기독교의 신학과 교회법이 법학자들에게 강한 영향을 주어 로마법이 유럽대륙에 계수될 수 있는 인류보편적인 가치를 담은 법으로 발전할 수 있도록 하였다. 그리하여 사해동포주의, 인류애의 스토아 철학의 영향을 받아 생성된 고전기 로마법은 유스티니아누스대제에 의하여 성문법으로 정리된 다음에 다시 기독교신학 그 중에서도 도덕신학, 敎父들에 의하여 발전된 신학적 자연법론의 영향을 받아서 로마법 그 중에서도 학설휘찬이 순화되고 더욱 더 인류보편적인 가치를 담아 발전하게 되었다.

이와 같은 주석학파와 주해학파에 의한 로마법, 특히 학설휘찬에 대한 학문적 연구에 의한 로마법의 발전은 16세기 르네쌍스의 시대

상세한 내용에 관하여는, 김상용, 전게 법사와 법정책: 로마민법학사 중심, 123－151면 참조.

27) Ulrich Eisenhardt, Deutsche Rechtsgeschichte, 2. Aufl.(Beck, 1995), Rn 128.

28) Hölscher, a. a. O., S.102.

적인 영향에 의하여 로마법의 原典을 연구하는 방향으로의 로마법 연구의 방법이 바꾸게 되었다. 그러한 로마법 연구의 새로운 방법을 復古學派(Humanisten)라 한다. 복고학파는 로마법의 원전을 발굴하는 연구방법을 취하였다. 그러한 로마법 원전발굴은 학설휘찬을 로마법대전의 하나로 편찬할 때에 고전기 로마법을 유스티니아누스대제의 시대사정에 맞게 수정한 interpolatio에 대한 연구에 집중되어, 성문법이었던 학설휘찬을 통하여 고전기 로마법학자들에 의한 학설법의 원전을 알 수 있게 되었다. 이러한 로마법학자들의 학설법의 원전을 찾는 복고학파의 로마법 연구에 의하여 한편으로는 로마법이 주석학파, 주해학파에 의하여 발전되고, 다른 한편으로는 복고학파에 의하여 로마법의 본래의 모습을 찾아내게 되었다. 그리하여 1583년에는 프랑스 복고학파의 로마법학자였던 고토프레두스가 유스티니아누스대제의 3개의 입법과 그 후의 사찬의 신칙법을 모아 이를 로마법대전이란 이름을 붙였다.

이러한 복고학파를 이끌었던 법학자로는 쿠자스(Jacobus Cujas: 1522-1590)와 도넬루스(Hugo Donellus: 1527-1591)를 들 수 있다. 복고학파는 17세기 말까지 지속되었다. 이 복고학파의 사상적인 배경은 신학과 교회법의 영향을 받은 것이 아니라 그 후의 르네쌍스에 의한 복고적인 학문연구의 영향을 받았다.

(4) 서양대륙에서의 로마법의 계수

주석학파와 주해학파에 의하여 성문법이었던 유스티니아누스 대제의 로마법대전, 그 중에서도 학설휘찬의 내용을 연구·발전시키고 실용화할 수 있도록 하였으며, 다른 한편으로는 복고학파에 의하여 interpolatio의 연구를 통하여 유스티니아누스 대제의 입법 중 학설휘찬의 바탕이 되었던 고전기 로마법학자들의 학설법의 原文을 알 수 있게 되었다. 그러나 복고학파에 의한 로마법의 원문의 재구성은 로마법의 실용화에는 기여하지 못하였다. 그리하여 법실무는 주석학파, 주해학파에 의하여 연구되어 발전한 주석된 로마법으로 돌아갔다. 특히 주해학파는 로마법의 실용화의 방향으로 연구하였기 때문에 주해학파 법학자들의 공통적인 견해는 관습법과 동일한 효력이 인정되고,[29] 따라서 주석학파와 주해학파에 의하여 연구된 로마법은 유스티니아누스대제의 성문법과는 멀어져 갔으며, 주해학파 법학자들의 공통적인 견해는 로마법대전보다 더 강한 효력을 갖게 되었다.

이와 같이 주석된 로마법이 이탈리아를 넘어 유럽대륙에로 받아들여졌다. 특히 독일은 로마법을 전면적으로 받아들였다. 이를 유럽대륙에서 근대의 로마법의 계수(Rezeption des römischen Rechts)라 한다. 법의 계수란 다른 나라, 다른 민족의 법을 주체적으로 받아서 자국의 법으로 바꾸어 變容하는 것을 말하며, 유럽대륙의 각국에서 로마법을 계수하여 자국의 법으로 변용하였다. 유럽대륙에 있어서 독일이 가장 광범위하게 로마법을 전면적으로 계수하였다.

유럽대륙에서의 로마법의 계수는 프랑스에서는 입법적인 방법으로 계수가 이루어지고 독일에서는 재판을 통한 사법적인 방법으로 이루어졌다. 또한 프랑스에는 부분적으로 로마법을 계수하였는데 반하여 독일은 로마법을 전면적으로 계수하였다. 계수된 로마법도 주로 주석된 학설휘찬의 로마법이 계수되었다. 독일에서 사법적으로 재판을 통하여 주석된 학설휘찬의 로마법이 계수된 그 과정을 판덱텐의 現代的 慣用(usus modernus Pandectarum)이라 한다.[30]

로마법의 유럽대륙, 특히 독일에서 전면적으로 계수될 수 있었던

29) Peter G. Stein, Römisches Recht und Europa: Die Geschichte einer Rechtskultur (übersetzt aus dem Englischen von Klaus Luig, Frankfurt/M, Fischer Taschenbuch Verlag, 1999), S. 136.

30) Karl Kroeschell, Deutsche Rechtsgesschichte B.3: seit 1650, 5. Aufl.(Köln, Böhlau Verlag, 2008), S. 2.

원인에 관하여는 이념적, 정치적, 사회·경제적인 여러 가지의 이유가 있었다. 이념적 내지 정치적인 이유로는 신성로마제국이 로마제국의 후계국가로 自稱함으로서 로마제국의 로마법이 신성로마제국에 적용되는 데에 아무런 이념적 장애가 없었다.

그리고 정치적·사회적으로는 신성로마제국이었던 독일은 법이 극히 분열되어 있었고, 분열된 각각의 법을 관장하고 적용하여 재판하는 관할법원이 각각 달랐다. 지역적으로는 신성로마제국이 分邦國家로 구성되어 있어서 분방마다 법이 달랐으며, 분방법은 분방법원의 재판에 적용되었다. 도시는 도시법이 적용되고 도시법원에서 재판을 하였다. 이와 같이 독일에서는 지역적으로 뿐만 아니라 사람의 신분과 법률관계에 따라서 적용법률이 달랐으며, 領民은 장원법원의 재판을 받았으며, 家人의 主君에 대한 근무관계에 관해서는 家人勤務法이 적용되고 근무법원(Dienstgericht)에서 재판을 담당하였다. 이렇게 법이 法圈(Rechtskreis)的으로 분열되어 있었기 때문에 중앙집권적인 통일국가의 형성이 이루어지 못하여 모든 지역, 모든 사람, 모든 법률관계에 통일적으로 적용될 수 있는 법이 필요하였다. 그 결과로 통일적인 法인 로마법이 독일에 전면적으로 계수될 수 있었다.

재판실무에 있어서도 재판관은 이탈리아로 유학을 한 귀족의 자제들로서 로마법을 유학하고 돌아온 사람들이었으며, 자신들의 고유법을 잘 알지 못하였을 뿐만 아니라, 고유법을 알고 있었다 하더라도 로마법에 비하여 시대에 적합하지 아니함으로 고유법의 적용을 배척하고 로마법을 적용하여 재판을 하였다.

그리고 경제적으로 근대에는 중상주의를 시작으로 자본주의 거래경제가 왕성하게 일어남으로써 농업경제에 타당한 게르만법은 시대의 경제사정에 적절치 못하였다. 그리하여 거래경제에 적절하게 생성된 로마법이 계수될 수밖에 없었다.

또한 독일 중세의 대학에서는 로마법과 교회법 양법이 가르쳐졌을 뿐만 아니라, 소송사건에 대하여 대학에 법률의견을 구하는 소송이송제도(Aktenversendung)가 인정되어 로마법과 교회법을 가르치던 대학의 법률전문가들이 구체적인 소송사건에서 로마법에 따라서 의견을 제시하였다. 이러한 법원과 대학의 관계에 의하여서도 사법적으로 로마법이 계수될 수 있었다.

그러나 로마법이 독일에 사법적으로 그리고 전면적으로 계수될 수 있었던 것은 로마법이 그 생성에서부터 주석, 주해에 이르기 까지 계속적으로 보편적 가치에 의하여 성숙하고 순화되어 보편적인 진리를 실천하는 법이었기 때문이다. 로마법의 계수는 계수된 로마법과 교회법이 쓰여진 이성(ratio scripta)으로 그 내용이 인류의 보편적 가치를 담고 있었기 때문에 계수가 가능할 수 있었다고 평가된다.

이러한 로마법의 대륙에의 계수는 독일 유학생들이 주석학파, 주해학파가 로마법을 연구하기 시작한 때인 13 내지 14세기에 부분적으로 계수가 이루지기 시작하여 15세기에서 부터 16세기에 가장 왕성하게 사법적 그리고 전면적으로 계수가 이루어졌다. 실정법적으로도 로마법의 독일에의 계수를 확인하여 계수를 법적으로 뒷받침하였다. 1495년에 제정된 신성로마제국의 帝國帝室法院令(Reichskammergerichtsordnung)에서는 재판에 있어서 원칙적으로는 고유법인 게르만법을 적용하여 판결하지만, 고유법이 부존재하거나, 존재하더라도 고유법이 명확하지 않거나, 원고가 고유법을 입증하지 못하면 보충적으로 계수된 로마법에 따라서 판결하도록 하였다.[31] 그리하여 비록 계수된 로마법이 보충적으로 적용되도록 하였지만, 재판실제에 있어서는 계수된 로마법이 일반법으로 널리 적용되었다.

31) 제국제실법원령에 의하여 제실법원이 설치되었을 당시에는 1인의 재판장과 16인의 판사로 구성하고, 그 중의 半은 법학박사학위가 있는 법률가를 임명하도록 하였다. 법학박사학위를 가진 법률가는 대학에서 로마법과 교회법을 연구한 법률가를 말한다. 그 후 1548년에는 제실법원 판사 전원을 법학박사학위를 가진 법률가로 구성하였다.

이와 같은 과정을 거치면서 로마법이 독일에 보통법으로 적용되게 되었다. 이러한 과정의 계수가 사법적 계수이었으며, 로마법이 전면적으로 계수가 이루어졌다. 계수된 로마법은 주석된 로마법이었으며, 주로 주석된 학설휘찬이 재판과정을 통하여 계수되었기 때문에, 이를 판덱텐의 현대적 관용(usus modernus Pandectarum)이라 한다. 이 판덱텐의 현대적 관용에 의하여 계수된 로마법이 독일에서 관습법으로 발전하게 되었다. 이러한 판덱텐의 현대적 관용은 1794년 독일에서 근대적 민법전인 프로이센 일반주법(ALR)이 제정·시행될 때까지 계속되었다. 이러한 판덱텐의 현대적 관용의 과정을 거치면서 계수된 로마법과 교회법이 독일에서 보통법(ius commune: gemeines Recht)이 되었다.

3. 로마법에 기초한 서양에서의 근대민법의 제정

유럽대륙에 로마법의 계수가 이루어지고 중앙집권적인 강력한 국가로 발전하였을 때에 비로소 근대 민법전이 편찬되었다. 이러한 근대민법전의 편찬은 분권적인 지방마다의 서로 다른 법을 통일하여 통일법에 의한 강력한 중앙집권적인 통일국가의 유지를 필요하였기 때문이었으며, 또한 통일법을 편찬할 만한 국가권력이 강력할 수 있었기 때문에 가능할 수 있었다. 또한 자연과학의 발달과 수학, 기하학의 발달로 법도 질서정연하게 정리하고 체계화할 필요성을 강하게 하였으며, 이로 인하여 법도 자연과학에서처럼 질서정연하게 만들어야 한다는 입법론이 강하게 제기되었기 때문에 근대민법의 제정이 가능할 수 있었다.

그러나 프랑스에서는 프랑스혁명 전의 절대국가 시대에는 강력한 절대군주에 의하여 프랑스 전역이 통일화되었으나, 독일은 신성로마제국이 통일적인 중앙집권적인 제국으로 충분히 형성·확립되지 못하여 여전히 분방이 중심이 된 분방으로 분열된 상태를 유지하여 분방중심으로 근대민법을 제정하고자 하는 방향으로 발전되었다. 그리하여 독일전역에 통일적인 민법의 제정은 비스마르크에 의하여 제2제국이 건설됨으로써 비로소 가능할 수 있었다. 그리하여 독일에서의 발전된 근대민법전의 제정은 프랑스 보다는 늦을 수밖에 없었으며, 독일에서는 보통법이 된 계수된 로마법에 대한 체계화와 추상화를 위한 판덱텐법학의 학문적 연구를 거쳐서 비로소 제정되었다. 따라서 독일에서만 보통법의 추상화와 체계화를 위한 판덱텐법학의 학문적인 연구과정을 거쳐서 독일민법전이 제정되고 프랑스에서는 이러한 과정을 거치지 아니하고 고유법인 게르만법과 계수된 로마법을 소재로 하여 자연법사상에 바탕을 둔 프랑스 혁명사상에 입각하여 프랑스민법전이 제정되었다.

근대민법전은 자연법사상에 기초하여 제정되었다. 이는 자연법사상에 의하여 계수된 로마법이 더욱더 인류보편적인 가치를 담은 법으로 성숙하고 더욱더 발전하게 되었다. 근대의 자연법론은 고대와 중세의 人定法위에 보편질서로서의 자연법이 있음을 인정한 사상을 이어 받으면서, 고대의 이데아는 중세에 와서는 신으로 바뀌고 다시 근대에 와서는 교회권력의 약화와 함께 신중심에서 인간중심으로 보편질서의 담당자에 대한 인식이 바뀜에 따라서 인간이성의 질서를 자연법으로 받아들이게 되었다. 근대 자연법론이 중세의 신중심의 사회를 인간중심, 이성중심으로 바꾸어 나감에 있어서, 현실정치에 있어서는 절대권력을 행사하는 절대왕정이 탄생하여 특정의 절대군주가 모든 시민들의 인간의 인격과 이성을 억누르는 현상이 전개됨으로써, 이러한 시민의 인격과 이성을 억압하는 절대군주 내지 절대왕정에 대항하는 법사상 내지 법이론으로 인간의 인격과 이성을 존중할 것을 사상적 내용으로 하는 근세 자연법론이 주장되었다. 그러므로 자연히 근세 자연법론은 당시의 절대왕정, 절대군주에 저항하는 혁명사상을 담을 수밖에 없었다.

근세 자연법론은 만민평등, 주권재민, 삼권분립, 천부인권, 재산권 보장을 사상적 내용으로 주장하였으며, 사회계약설에 의하여 폭군을 放伐할 수 있는 저항권이론도 주장하였다. 이러한 인간중심의 사상에 기초하여 시민에 의한 아래로부터의 절대왕정을 제거하는 시민혁명이 일어나게 되었다. 그러한 대표적인 시민혁명으로 영국의 명예혁명(1689), 미국독립혁명(1776), 프랑스혁명(1789)이 일어나게 되었다. 이러한 근대 시민혁명에 의하여 공법적으로는 인권보장이 영국에서의 권리장전, 미국에서의 버지니아 권리장전, 미국독립선언, 프랑스에서의 프랑스인권선언 등의 공식 법문서로 확인되었다. 그러한 인권선언은 모두가 인간의 인격과 이성을 존중하는 근세 자연법 사상을 담은 법문서들이었다.

근대 시민혁명에 의한 법문서는 공법분야에서 인간의 자유와 평등, 그리고 재산권을 보장하는 내용을 담고 있었으며, 이를 보장하기 위하여 주권재민, 권력분립을 이루고자 하였으며, 이에 반하는 국가의 불법적인 권력행사에 대해서는 시민들로 하여금 혁명권인 저항권으로 대항할 수 있도록 하였다. 이러한 법문서의 기본가치는 인간의 자유, 인간의 평등, 인간에 대한 박애사상을 담아 실천하고자 하였으며, 자유, 평등, 박애를 실천할 수 있는 방법으로 주권재민과 권력분립을 주장하였다.

사법적으로도 이러한 시민혁명사상인 인간의 자유와 평등, 인간에 대한 박애의 兄弟愛 精神을 시민법으로 법제도화하여 이를 시민들의 생활속에서 실천될 수 있도록 하고자 하였다. 그 결과로 자유, 평등, 박애의 정신에 입각하여 제정된 대표적인 근대시민법전이 바로 프랑스민법전이었다.

독일에서는 프랑스에서와는 달리 계몽적 절대왕정이 성립하여 절대군주를 제거하기 위한 시민혁명이 일어나지 아니하였다. 그리하여 독일에서는 군주가 시민에 군림하는 자가 아니라 시민의 봉사자임을 천명하고, 프랑스에서와 같은 급진적인 혁명에 의하여 구체제를 전복하지 아니하고 계몽주의의 영향을 받아 절대군주가 시민의 복지를 실천하고 시민을 교육하고 가혹한 형벌을 완화는 방향으로 국가권력을 행사하였다. 그리하여 독일에서 근세 자연법론에 기초하여 제정된 프로이센일반주법(ALR)에서는 근세의 자연법론에 입각하고는 있었지만 프랑스민법전에서와는 달리 舊법제도들, 예컨대 等族(Stände), 분할소유권 등을 유지하는 민법전을 제정하였다. 그러한 근세 자연법론에 기초한 독일에서의 근대민법전이 프로이센일반주법과 오스트리아민법전이었다.

이처럼 유럽대륙에 계수된 로마법은 근대 자본주의경제에 적절히 부합하는 법이었으며, 따라서 계수된 로마법은 인간중심의 근대 자연법사상의 영향을 받아 더욱더 인류보편적인 가치를 담은 법으로 발전하게 되고 그것은 근대민법전으로 성문화되었다.

이와 같이 스토아사상의 영향을 받은 학설법으로 시작된 고전기 로마법이 도덕신학과 신학적 자연법의 영향을 받으면서 더욱더 연구되고, 인간중심의 근대 자연법의 영향을 받아 인류보편의 가치를 담은 근대민법전으로 성문화되었다. 그리하여 우리 민법의 역사적 뿌리인 로마법은 그 생성시부터 성문화에 이르기까지 자연법론에 의하여 계속적으로 인류보편적인 가치를 담은 법으로 발전하게 되었다. 그 결과로 로마제국은 멸망하였지만 로마법은 계속 그 생명력을 유지하고 있으며 세계법의 소재로서 기능하고 있다. 독일민법전은 비록 판덱텐법학의 과정을 거쳐 제정되었지만 역시 로마법을 바탕으로 하여 제정되어 로마법의 생명력 유지와 傳承에 가장 큰 역할을 담당하였다. 이와 같이 근대민법전은 그 소재를 로마법으로 하였으며, 로마법은 역사의 발전과 함께 계속적으로 인류보편의 가치를 지니는 방향으로 발전하였으며, 그 인류보편의 가치는 자연법 사상으로 표현되었으며, 자연법 사상의 내용은 인간의 인격과 이성의 존중과 인간상호간의 형제애의 사상을 법적으로 실현하고자 하였다.

제 2 절 근대민법의 사상적 기초인 자유, 평등, 박애 사상의 역사적 형성 과정

1. 자유, 평등, 박애 사상 형성의 역사적 과정

근대민법의 사상적 기초는 자유, 평등, 박애이다. 자유와 평등은 중세의 신분구속적인 봉건사회에서의 인간의 신분에 의한 구속, 계층적인 사회구조로 인한 인간의 불평등을 극복한 근대시민사회의 인간 개인에 대한 인격과 이성의 존중에 의한 자유로운 존재로서의 인격의 인정과 존중의 사상적 표현이다. 중세사회에 중심을 이루었던 사람들은 농노들이었다. 농노는 토지에 속박된 부자유한 존재였다. 그리고 중세는 신분사회였기 때문에 인간의 평등이 인정되지 아니한 불평등사회였다. 이러한 중세의 신분구속사회를 극복함에는, 근세 자연법론자들이 인간의 자유와 평등을 주장하고 이를 천부인권으로 인정하였으며 국가권력의 분리에 의하여 보장하고자 하였으며, 저항권에 의한 근대시민혁명을 거쳐서야 비로소 법문서인 인권선언, 권리장전에서 이를 법적으로 보장하고 법문서로 확인을 하였다.

그리고 서양사회는 기독교사회였으며, 특히 중세에는 교회권력이 세속권력을 지배하던 사회였다. 또한 기독교의 가르침의 가장 중심적인 내용은 이웃에 대한 사랑(Nächstenliebe)이었다. 이러한 서양의 기독교 사회에서의 사랑은 근대민법전을 제정할 때에도 작용하여 민법전을 사랑의 사상을 실천하는 법전으로 만들고자 하였다. 사랑은 다른 말로는 박애(Charitas), 형제애(Brüderlichkeit), 연대(Solidalität), 형평(Billigkeit) 등의 여러 가지로 표현될 수 있다. 이러한 근대민법전의 사상적 기초의 하나였던 박애 내지 형제애는 법에서는 자연법사상으로 표현되었다.[32)]

2. 고대 스토아철학 사상

(1) 스토아철학의 사상내용: 사해동포주의

스토아 철학의 중심사상은 현실세계를 이끌어 가는 理想世界인 이데아(Idea)의 세계에서 기능하는 로고스의 인정, 人本主義 및 사해동포주의, 禁慾, 苦行(Askese)의 권장과 영혼의 불멸성 인정, 그리고 終末論(Eschatologie)의 인정 등이었다.[33)] 그리고 스토아철학은 아리스토텔레스의 철학의 논리를 이어 받았으며, 에피쿠르스(BC 341–BC 271)의 쾌락주의(Epikurismus)를 배격하였다.[34)] 또한 스토아철학은 猶太敎哲學과 神學으로부터의 영향을 받은 모습을 보이고 있다.[35)] 이러한 스토아사상은 바로 헬레니즘시대 내지 헬레니즘문화의 지주가 되었던 사상이었다.

스토아철학의 사상내용을 좀 더 상세히 살펴보면, 무엇보다도 스토아철학은 사해동포주의적인 사상을 주장하였다. 그리하여 모든 사

32) 자연법 사상이 민법에 미친 영향에 관하여는 김상용, 자연법론과 법정책(피앤씨미디어, 2015), 139면 이하의 내용을 보완하여 작성하였음.

33) Heinrich Axel Winckler, Der Stoicismus: Eine Wurzel des Christentums(Leipzig, Druck und Verlag von Breikopf und Härtel, 1878), S. 3.

34) Die Philosophie der Stoa: übersetzt und herausgegeben von Wolfgang Weinkauf (Stuttgart, Philip Reclam jun,, 2012), S. 14.

35) A. a. O., S. 44.

람은 형제이며, 奴隷이든, 劍客(Gladiator), 비록 賊(Feind)이라 하더라도 형제이며 형제의 사랑으로 대하여야 한다고 하였다.[36][37] 그리고 스토아철학은 보편적인 사랑을 주장하였다. 스토아철학의 보편적 사랑은 민족, 출생, 지위, 계층에 전혀 차별을 두지 않는 사랑을 실천할 것을 그 내용으로 하였다.[38] 그리고 스토아철학에서는 사해동포주의(Kosmopolitanismus)로 나아갈 갈 것을 주장하였다. 그리하여 스토아철학에서는 실제로 현존하는 국가들을 넘어서 이 세상에는 오로지 하나의 국가 즉, 神의 제국(Reich des Gottes)만을 인정하였다.[39] 그러므로 모든 사람들은 세계시민(Weltbürger)일 뿐이라고 하였다.

스토아철학에서 이와 같이 모든 사람을 세계시민으로 인정하고 이 세계에는 오로지 하나의 국가만이 있으며, 모든 사람은 서로 형제애로 사랑할 것을 주장한 것은 당시의 제국이었던 동서양에 걸쳐서 하나의 대제국으로 탄생한 마케도니아제국의 승인과 안정에 기여하고자한 시대적·정치적 필요성에서 형성된 사상이라고 평가해 볼 수 있을 것이다. 또한 스토아철학은 헬레니즘문화의 사상적 지주를 이루었다. 그리고 이러한 마케도니아제국에 적절하였던 사해동포주의는 역시 여러 민족으로 구성된 대제국이었던 고전기의 로마제국의 통합과 안정에도 적절히 기능할 수 있는 사상이었기 때문에 로마제국에 傳授되어 로마제국의 사상적 기초가 되었던 것으로 평가해 볼 수 있다. 또한 로마제국은 로마법에 의하여 제국의 통합과 안정을 이루어 갔기 때문에 자연히 사해동포주의적인 사상의 기초위에 로마법이 형성·발전하게 되었다.

그리고 스토아철학은 그리스 철학에 있어서 처음으로 자연법론을

36) Winckler, a. a. O., S. 34.
37) 이러한 인본주의 내지 사행동포주의는 오늘날 인권사상 내지 인권보호의 사상적 근원이 되었다고 평가된다.
38) Winckler, a. a. O., S. 36.
39) A. a. O., S. 38.

주장하였다. 물론 스토아철학이전에 소크라테스, 플라톤, 아리스토텔레스는 작은 도시국가(civitas)에서의 철학이었으며 이상세계인 이데아를 주장은 하였지만 그 이데아의 세계로부터 바로 그 이데아의 세계의 법이 자연법이라고 주장한 것은 아니었다. 그러나 스토아철학에 이르서는 이 세상을 움직이는 原因者 내지 動因으로 로고스[40](logos)의 존재를 인정하고 그 작용에 의한 이상적인 질서를 유지한다고 하였다. 스토아철학은 이 세상을 이성적이고 목적지향적인 질서에 의하여 구성되어 있다고 이해하였으며, 그러한 로고스에 의한 법이 자연법이라고 하였다.[41] 스토아철학에 있어서의 로고스는 세상을 움직이는 原因者 내지 動因이다. 그리하여 스토아철학은 그리스에서의 전래의 자연법 사상을 계승하고 있다. 로고스는 플라톤 사상에서의 이데아論, 아리스토텔레스 철학에서의 엔테레히[42](Entelechie)의 다른 표현이며 이 세상을 움직이는 원인 내지 동인이다.

그리고 스토아철학은 인본주의에 입각한 사해동포주의 사상을 가장 강하게 주장하여 스토아철학의 내용이 인류보편적인 가치 중의 하나인 人間愛를 강조하였다. 그리고 理性인 로고스를 강조하여 이 세상의 질서를 로고스의 질서, 즉, 이성적이고 이상적인 질서로 이끌어 가려고 하여 자연법론을 주장하고 이를 마케도니아帝國에서 구체적으로 실천해 나갈 수 있기를 주장하였다.

---

40) 로고스는 理性, 聖書의 말씀(요한복음 제1장 제1절)으로 이해되고 이데아(Idea)로도 이해된다. 그 이데아는 현실세계 위에 존재할 수도 있으며 현실세계 내에 존재할 수 있지만, 현실세계를 이끌어 가는 이상세계이며 그러한 이상세계의 법이 바로 자연법이라고 하였다.

41) 스토아철학의 보다 더 구체적인 상세한 내용에 관하여는, 김상용, “서양에서의 자연법론의 생성, 발전 및 영향에 관한 연구: 고대에서부터 근세까지”, 학술원논문집: 인문·사회과학 편 제51집 제1호(대한민국학술원, 2012), 165－170면 참조.

42) 플라톤의 이상세계인 이데아의 세계는 이 세상의 저 위에 존재한다고 이해하였으나, 아리스토텔레스에게 있어서 이상적인 목적을 향하여 이 세상을 이끌어 가는 원인 내지 동인을 엔테레히라 하였으며, 그 엔테레히는 현실속에 존재하면서 현실을 이상의 질서로 이끌어 간다고 이해하였다.

(2) 스토아철학이 로마고전시대의 로마법 발전에 미친 영향

스토아철학에 고전기 로마법의 발전에 미친 영향은, 무엇보다도 스토아철학이 인본주의에 입각한 사해동포주의를 취하고 苦行을 기본적인 윤리로 제시함으써, 모든 로마제국내에 살고 있는 사람들을 동등하게 대우하도록 하는 사해동포적인 형제애로써 대로마제국의 결속과 평화의 사회를 만들고 평화의 로마법을 형성하는데 기여하였으며, 사해동포주의를 실천하기 위해서는 서로가 서로에 대한 신뢰가 바탕이 되어야 하기 때문에 로마사회는 사회윤리로서 신뢰를 중시하는 사회[43]로 발전하게 되었다. 그리하여 로마제국에서의 사회윤리로서 최고의 덕목은 형제애, 신뢰 그리고 명예였다.

스토아 철학의 사회동포적주의적인 형제애의 윤리에 의하여 로마제국에서는 노예출신의 에틱테트가 학자로서 인정되고, 그가 황제인 마커스 아울렐리우스의 상담역을 담당할 수 있게 되었다.[44] 더 나아가 로마제국은 스토아철학의 사해동포주의의 영향을 받아 로마제국의 주민들을 로마시민과 비시민으로 나누고 로마시민들에게는 市民法을, 비로마시민들에게는 萬民法을 적용하던 속인법주의 원칙을 타파하고 AD 90년에는 율리아법에 의하여, AD 49년에는 로스키아법에 의하여 이태리반도의 全주민에게 로마시민권을 부여하고, AD 212년에 카라칼라大帝(Caracalla: AD 186－AD 217, 재위: AD 211－AD 217)에 의하여 로마제국 전역의 비로마시민 모두에게 로마시민권을

43) 로마제국이 信賴를 중요한 사회윤리로 발전시켰음에 반하여 게르만사회는 忠誠을 중요시 하는 사회로 발전하였다. 왜냐하면 게르만 사회는 로마제국에서와 같이 강력한 중앙권력이 존재하지 아니하여 씨족 내지 부족의 공동체적인 삶을 이어갔기 때문에 자연히 개인에게는 공동체에로의 충성이 요구되었다고 추론된다. 그러나 로마제국은 강력한 중앙권력이 형성되어 있었기 때문에 로마의 시민들은 개인주의적이고 자유주의적이었으며 이러한 로마의 시민 상호간에 서로간의 신뢰가 중요한 德目으로 숭상되었다.

44) 김상용, 전게논문, “서양에서의 자연법론의 생성, 발전 및 영향에 관한 연구: 고대에서부터 근세까지”, 167면.

부여하였다. 그리하여 로마시민과 비로마시민을 구분할 필요가 없게 되었으며, 시민법(ius civile)과 만민법(ius gentium)이 통합되어 더욱더 인도주의적인 자연법으로 로마법이 발전하게 되었다. 그리고 시민법은 로마시민에게만 적용되던 특별법이면서 계급법이었으나 만민법과 통합되어 시민법으로 됨으로써 로마시민 모두에게 적용되는 일반법이 되었으며, 형식 내지 방식을 중시한 엄격법(ius strictum)이었던 시민법이 부드러운 형평의 법으로 발전하게 되었다. 시민법은 본래 엄격한 형식이 요구된 엄격법이었으며 만민법은 형식을 완화하고 衡平의 내용을 중시한 법이었다. 兩法이 통합됨으로써 로마제국의 시민법은 형식이 완화되고 엄격법에서 형평의 법으로 발전하게 되었다.

시민법과 만민법의 통합에 의하여 시민법과 만민법에 의하여 로마시민 상호간과 로마시민과 비로마시민간 및 비로마시민 상호간의 소송사건을 담당하였던 시민담당법무관과 외인담담법무관제도가 하나의 법무관으로 통합되었다. 시민담당법무관(praetor urbanus: Stadtpraetor)은 BC 367년에, 외인담당법무관(praetor pereginus: Fremdenpraetor)은 BC 242년에 시행되었다. 비로마시민에게 로마시민권이 부여됨으로서 시민담당법무관제와 외인담당법무관제가 법무관제 하나로 통합이 되었다.

고전기 로마법학자들의 법에 대한 이해에 있어서도 로고스와 형제애의 스토아철학의 영향을 받은 것으로 추론되는 法諺들이 적지 아니하다. 로마법학자들의 법언은 바로 스토아철학의 법에서의 구체적인 표현으로 파악된다. 스토아철학의 중심사상은 인본주의에 입각한 사해동포주의이었기 때문에 이러한 사해동포주의를 실현할 수 있는 좋은 법사상을 배태할 수 있었으며, 고전기의 법사상은 오늘날에도 변함없이 지켜지는 법의 세계의 근본적인 법사상으로 그 생명이 이어지고 있다. 그러한 사해동포주의를 실현할 수 있는 법사상은 바로 자연법 사상이었다.

고전기의 로마법학자들이 주장한 스토아철학의 자연법 사상에 기한 구체적인 법적 표현으로, 켈수스는 법을 善과 衡平의 技術이라고 하였으며, 울피아누스는 법(ius)이라는 용어는 정의(iustitia)에서 나왔으며, 정의는 각자에게 그의 것을 주고자 하는 항구불변의 의지라고 하고, 법의 요청은 명예가 살아있게 하고 어느 누구도 침해하지 아니하는 것이라고 하였다.[45] 더 나아가 울피아누스는 법학은 신의 일과 인간의 일을 분별하는 인식이며, 옳은 것과 옳지 않은 것을 아는 지식이라고 하였다.[46] 또한 울피아누스는 자연법은 자연이 생명있는 모든 동물에 대한 가르침이며, 특별히 사람에 대한 가르침이 아니며 모든 동물에 대한 공통적인 가르침이라고 하였다.[47][48]

이와 같은 스토아철학의 사해동포주의와 형제애의 사상을 傳受한 고전기의 로마제국은 이러한 사상적 기초위에서 로마제국은 위로부터의 强壓이 아니라 아래로부터 로마제국내의 모든 시민들을 형제애로써 서로 사랑하는 사회윤리를 발전시켰기 때문에 제국의 영토를 유럽대륙으로 넓힐 수 있었으며, 로마의 평화(Pax Romana)를 이룰할 수 있었다고 평가된다.[49]

45) Ulpianus, D(Digesta). 1. 1. 10. pr. & 1.
46) Ulpianus, D. 1. 1. 10. 2.
47) Ulpianus, D. 1. 1. 3.
48) 가이우스는 만민법을 자연법이라고 한데 반하여 울피아누스 자연법을 가이우스와는 달리 자연법의 범위를 모든 동물에 적용되는 법으로 확대하였다. 이러한 울피아누스의 자연법의 개념은 중세의 이시도르(Isidor von Sevilla: 636년 사망)에게 전해져서 받아드려지고, 인간에게만 적용된다고 하였다. 이러한 이시도르의 자연법 개념은 다시 그라티아누스에게 이어져, 신법과 자연법의 동질성이 인정되었다(Vgl., Hölscher, a. a. O., SS. 61−63).
49) 스토아철학은 로마법의 생성·발전에 영향을 주었지만, 성서에도 큰 영향을 주었다. 즉, 스토아철학은 신약성서 중 요한복음의 집필(AD 90−AD 100년 사이에 쓰여짐)에 큰 영향을 주었으며, 그 후의 기독교의 사상으로 전환되어 기독교의 이웃과 사랑의 사상의 형성 및 기독교 교리의 형성과 발전에 큰 영향을 주었다. 스토아철학의 로고스론, 사해동포주의에 의한 형제애, 금욕, 고행, 영혼의 불멸성, 종말론 등은 요한복음에 이어지고 있다. 특히 스토아철학의 로고스를 요한복음에

3. 중세의 기독교 사상

(1) 기독교의 도덕신학

로마법, 그 중에서도 학설휘찬이 주석학파와 주해학파에 의하여 연구되기 시작하였을 때에 영향을 주었던 사상은 기독교 신학, 그 중에서도 도덕신학이었으며, 교부철학자들에 의한 신학적 자연법론도 로마법의 연구에 영향을 주었다. 또한 주석학파와 주해학파가 주석과 주해로 볼로냐 대학에서 가르쳐 졌을 때에 교회법전도 역시 함께 가르쳐졌다. 그리하여 로마법은 주석학파, 주해학파에 의하여 도덕신학 및 신학적 자연법론의 사상적 영향을 받아 더욱더 순화되어

서는 예수를 로고스, 즉 말씀으로 표현하고 있다.

그리고 使徒 바울(Paulus: AD 5년 頃－AD 64 내지 68)도 스토아철학의 영향을 많이 받은 것으로 평가되고 있다. 특히 바울의 양심(Gewissen)에 관한 그의 사상은 스토아철학에 그 뿌리를 두고 있다. 스토아철학의 금욕은 기독교의 敬虔主義(Quietismus)와 독신주의에 영향을 준 것으로 이해된다.

스토아철학에서의 종말론은 기독교의 復活論으로 발전되었다. 그러나 기독교에서 종말은 부활로 轉化된데 반하여, 스토아철학에서의 종말론에서는 부활의 반복의 인성으로 발전하였다. 이와 같이 스토아철학의 내용이 기독교에 많이 받아들여졌기 때문에 기독교는 스토아철학의 相續者라고도 일컬어지기도 한다. 또한 기독교가 로마제국에서 공인되고 국교로 인정될 수 있었던 것도 고전기의 로마제국에서 비록 기독교를 박해하였지만 스토아철학의 영향으로 사해동포주의에 기초한 형제애의 사랑의 사회윤리가 기초를 이루고 있었고, 기독교도 스토아철학의 영향을 받아 이웃과 이웃에 대한 사랑이 기독교 윤리의 중심이었으며, 兩윤리의 기초는 모두 동일한 스토아철학에서 근원을 두었기 때문이었던 것으로 평가해 볼 수 있다.

스토아철학은 기독교에 영향을 주었을 뿐만 아니라, 18세기 독일에서의 계몽주의의 발전에 영향을 주었으며, 그로 인하여 절대왕정이었던 프로이센의 군주였던 프리드리히 2세(1712－1786: 재위: 1740－1786)에게 강한 영향을 주어, 그가 계몽적 전제군주로 될 수 있게 하였다.

이처럼 스토아철학은 고전기 로마제국의 번영과 로마법의 발전에 영향을 주었을 뿐만 아니라, 기독교 사상의 형성과 발전에도 영향을 주었으며, 근대 계몽주의 사상의 형성과 발전에도 영향을 주었다. 더욱더 스토아철학은 오늘날도 그 생명력이 있는 사상의 기초를 제공하고 있다. 스토아철학 중 사해동포주의, 형제애의 사상은 시대의 변화에도 변하지 아니하는 불변의 자연법 사상이라 평가된다.

갔으며, 그 내용이 더욱더 인류보편의 가치를 담아 풍성하게 발전하였다. 그 결과로 로마법은 쓰여진 이성(ratio scripta)으로 받아들여지게 되었다. 주석학파, 주해학파에 의하여 연구된 로마법은 쓰여진 이성으로서 교회법과 함께 유럽대륙에서 재판과정에 일반법으로 적용되었다. 그리하여 주석된 로마법과 교회법이 유럽대륙에서 보통법(ius commune)으로 인정되고 재판과정에 고유법인 게르만법이 없는 경우, 또는 고유법이 불명확하거나 입증할 수 없는 경우에는 로마법이 보충적으로 적용되었다.

기독교신학의 한 분야인 도덕신학은 기독교윤리(Christian ethics)를 다루는 신학이다. 그러므로 기독교윤리는 세속의 윤리보다는 이웃에 대한 배려와 이웃에 대한 사랑의 실천을 인간의 덕목으로 하는 신학이다. 따라서 도덕신학은 상대방을 배려하는 윤리를 내용으로 한다.

중세의 신학적 자연법론은 신의 질서가 최고의 이상적인 질서이었으며, 이상질서인 신의 질서가 이 세상에 실현되기를 바라는 법사상이었다. 이러한 신학적 자연법론은 다른 한편으로는 교회와 신앙에 세속질서에 대한 우위를 인정하고 이를 지키려는 법사상이라 이해된다. 이러한 신학적 자연법론은 고대 그리스에서의 이데아의 세계, 엔테레히의 세계, 로고스의 세계를 신의 세계로 바꾸어 놓은 자연법론이었다. 이러한 자연법론 모두는 이상의 질서가 현세의 질서에 정착되기를 바라는 念願에서 주장된 법사상들이었다. 모두가 다 理想主義를 추구한 법사상이었다.

또 한편으로 교회는 로마법을 받아서 교회를 치리하였으나 점차 교회법이 로마법과는 독립된 법영역으로 발전하게 되었다. 이처럼 교회법이 로마법과는 차이가 있는 독자적 법영역으로 발전할 수 있었던 사상적 배경은 역시 기독교 신학의 영향과 신학에 기초한 자연법사상의 영향에 의한 것이었다. 기독교신학 중에서도 도덕신학이 로마법의 순화에 기여하면서 동시에 교회법 형성의 기본적인 사상이 되었다. 도덕신학은 로마법을 기독교의 博愛(caritas)와 慈悲(misericordia)로 표현되는 사랑의 최고의 윤리적 가치로 변화를 가져오게 하였으며, 로마법을 醇化하였다. 그리하여 로마법에 바탕을 두면서 사랑의 윤리로 순화된 법질서로 교회법이 형성되고 발전하게 되었다. 그 결과로 교회법이 인류의 최고가치인 사랑을 법에서 실천할 수 있도록 하였으며, 이와 함께 로마법을 더욱더 인류의 보편가치인 사랑을 실천할 수 있도록 승화시켜고 순화시켜 나갔다.

또한 教父들에 의하여 발전된 중세의 자연법 사상도 로마법의 변화에 기여하였으며 교회법의 내용을 신의 질서에 부합되게 이끌어 나갔다. 교부철학자들은 법을 永久法(lex aeterna)인 神法(lex divina), 自然法(lex naturalis), 人定法(lex humana)의 순위로 체계화하고,[50] 자연법은 인간이 이성에 의하여 파악된 신법이며, 인정법은 자연법에 반할 수 없으며, 자연법에 반하는 인정법은 그 효력이 인정될 수 없다고 하였다. 그리하여 인간이 만든 법은 자연법에 부합할 때에 유효하다고 함으로써, 중세의 신학적 자연법론은 결국 인간이 만든 법은 신의 질서에 부합할 것을 요청하였다. 그 결과로 교회에 들어온 로마법이 신의 질서에 부합될 수 있는 방향으로 변화를 하게 되었으며, 교회법은 더욱더 자연법과 신법에 부합되게 발전할 수 있었다.[51]

따라서 로마법이든 교회법이든 중세의 교회시대에는 도덕신학과 신학적 자연법론의 사상적 영향으로 더욱더 인류보편의 가치를 담아 실천할 수 있도록 발전하게 되었다. 이렇게 도덕신학과 신학적

50) 인정법은 주어지고 끝남이 있는 법이며, 자연법은 주어지나 끝남이 없는 법이며, 신법은 신의 정신으로부터 인간의 영혼에 새겨진 자연법으로서 효력상실이 없는 법이며, 따라서 이 신법으로부터 인간의 법이 도출된다고 하였다(Vgl., Hölscher, a. a. O., S. 70).

51) 교회법과 세속법과의 중요한 차이점은 세속법은 인간의 외부행위를 규율의 대상으로 삼는데 반하여, 교회법은 인간의 내면세계도 규율의 대상으로 삼은 점이다(Siehe, de Wall, Muckel, a. a. O., S. 105).

자연법론에 의하여 순화된 로마법은 쓰여진 이성(ratio scripta)으로 받아 들여지게 되었다.

이러한 중세의 신학적 자연법론을 이끈 자연법론자로는 교부철학자였던 아우구스티누스[52](Sanctus Aurelius Augustinus: AD 354-AD 430)와 토마스 아퀴나스(Thomas von Aquin: 1225-1274)였다. 그리고 아퀴나스는 법에 도덕적, 윤리적 요소와 기능을 많이 추가하였으며,[53][54] 인간에게는 善을 행할 의무가 있음을 강조하였다.[55] 또한 스콜라철학(Scholatizismus)의 방법론[56]에 입각하여 교회법의 발전와 로마법의 순화가 이루어졌다. 중세의 교회시대에는 도덕신학과 신학적 자연법론이 로마법의 변화와 순화 및 교회법의 형성과 발전을 이끌었다. 그러므로 로마법은 더욱더 인류보편의 가치를 담은 법으로 발전하게 되었으며, 교회법은 더욱더 독자적인 법영역으로 발전할 수 있게 되었다. 중세의 교회법과 로마법이 주석학파와 주해학파에 의하여 함께 연구되고, 중세의 대학에서 함께 가르쳐지고, 교회법원에서 세

52) 아우구스티누스는 그의 神國(City of God)에서 당시에 로마황제의 지배를 받고 있던 교회를 황제 위에 올려놓을 수 있는 신학을 전개하였다. 그러한 목적 달성을 위하여 아우구스티누스는 플라톤(보다 정확하게는 신플라톤주의)의 이데아론을 받아드려 이를 이루고자 하였다(Christianity and Law: An Introduction (ed. by John Witte Jr., Frank S. Alexander, Cambridge University Press, 2008), p. 8). 그러나 토마스 아퀴나스는 국가보다는 신의 나라를 더 중시하였다(Vgl., a. a. O., 117). 아우구스티누스와 아퀴나스의 이러한 국가와 교회와의 관계에 대한 견해의 차이는 각각이 활동하였던 시대적 상황의 반영이라 생각된다.

53) Hölscher, a. a. O., S. 72.

54) 토마스 아퀴나스의 신학사상은 19세기에 와서 신토마스주의(Neothomismus)로 재생하고, 교황 레오 13세(Leo XIII: 1878-1903 재위)가 1878년에 그의 교령으로 신토마스주의를 가톨릭의 신학사상으로 함을 선포하여 오늘에 이르고 있다(Vgl., Gerald A. McCool, The Neo-Thomists (Milwaukee, Marquette University Press, 2003), p.39).

55) Hölscher, a. a. O., S. 80.

56) 스콜라적 연구방법은 신학에서 성서의 말씀을 교리로 만들면서 활용되었던 연구방법이었다. 그리하여 스콜라 철학에서는 흩어져 있는 성서의 말씀을 모아 그것을 하나의 체계로 만들고 그 체계를 不變의 진리인 敎理와 理念으로 만들었던 것이다. 법학연구도 개별적인 법적문제에 대한 해답을 하나의 法原則 내지 法理念으로 만드는 방법으로 스콜라적 방법론을 법학에서 활용하였다.

속사건도 재판하게 됨으로써 교회법과 로마법의 양법이 유럽대륙에 보통법(ius commune)으로 인정되고 받아들여지게 되었다. 그리고 가톨릭교회에서는 오늘날 교회법을 神學의 한 분야로 다루고 있다.[57)]

종교개혁이 있고 나서 개신교는 법에 의한 교회의 치리보다는 하나님의 은혜를 중시함으로써 교회법을 더 이상 발전시키지 아니하였으며, 개신교는 분방군주의 보호아래 발전하였기 때문에 다시 개신교회가 세속의 분방군주의 권력의 보호를 받는 관계로 들어가게 되었다. 그리하여 개신교는 분방권력에 예속되어 갔다.[58)] 이러한 사정으로 인하여 개신교에서의 교회법은 분방군주가 교회를 다스리기 위한 국가교회법(Staatskirchenrecht)이 주를 이루게 되었으며, 그 국가교회법은 교회내부의 법이 아니라 교회를 치리하게 위한 국가법이었으며 교회법의 법리에 기초하여 형성된 교회내부법이 아니다.

그러나 가톨릭 교회에서는 교회법은 계속 발전시켜 나왔다. 가톨릭 교회에서는 1582년의 敎會法大全의 효력이 지속되어 왔으나, 1917년에 敎會法典(Codex Iuris Canonici)이 제정되어 시행됨으로써 그 효력이 소멸하였으며, 1983년에 다시 교회법전(Codex Iuris Canonici)을 제정하여 오늘에 이르고 있다.[59)]

---

57) de Wall Heinrich, Stefan Muckel, Kirchenrecht, 3. Aufl.(Beck, 2012), S. 99.

58) A. a. O., S. 22.

59) 현행의 가톨릭 교회법전에서의 교회법의 중요한 특징은 첫째로 교회법에서는 遡及效를 인정하지 아니하는 점과, 둘째로 교회법에서는 교회재판에 의하여 이루어지는 판례의 법원성을 부인하며, 교회내에서 생성된 관습법을 교회법의 내용으로 인정하지 않는 것은 아니지만 원칙적으로 관습법을 교회법의 法源으로 인정하지 아니하며, 셋째로 衡平을 강조하는 점이다. 교회법의 규율내용이 不在한 때에는 類推(Analogie)에 의해 교회법의 흠결을 보충하면서 그러한 유추에 있어서는 형평(aequitas: Billigkeit)의 원리가 강하게 적용한다. 그리고 교회법은 법적안정을 위하여 교회법은 소급효를 인정하지 아니한다. 교회내에서의 관습법이 법원으로 인정되기 위해서는 교회법 제정권자에 의하여 그 관습법이 成文의 교회법으로 제정되어야 한다. 따라서 교회법은 극히 실정법주의의 원칙을 유지하고 있다

(2) 기독교 사상에 기초하여 교회법에서 형성된 법제도로서 근대민법에 傳授된 법제도들

도덕신학 및 신학적 자연법론의 영향으로 로마법이 더욱 인류보편의 내용으로 발전하였을 뿐만 아니라, 도덕신학과 신학적 자연법론을 바탕으로 하여 생성된 교회법에서 창안된 구체적인 교회법제도들이 세속법에 영향을 주어 세속법의 내용으로 편입된 법제도들이 적지 아니하다. 그러한 구체적인 교회법제도로서 세속법에 들어온 법제도는 법의 전분야에 걸쳐서 이루어졌다. 그리고 중세의 교회법을 발전시킨 사람들은 교회법학자들(Kanonisten)이었으며, 교회법학자들은 대부분 신학자들이었다.[60]

구체적으로 살펴보면, 먼저 첫째로 도덕신학의 영향에 의한 제도로서, 교회법에서는 이자수령을 금지하였다. 이러한 이자수령의 금지와 함께 폭리행위 금지의 법리도 교회법에 그 근원을 두고 있다. 교회법에서는 과도한 불이익(laesio emormis)의 금지를 인정하였으며, 그러한 법이론은 정당한 값(iustum pretium: gerechter Preis)의 이론으로 발전하게 되었다. 교회법에서는 일반가격의 半값에 미달되면 과도한 불이익이 되는 것으로 인정하였다. 이러한 폭리행위 금지의 법리는 도덕신학에 기초한 이론이었으나 법적의무로 전환되어 일반적인 법원칙으로 발전되었다.[61] 오늘날 폭리행위의 금지는 바로 교회법에서의 과도한 불이익의 금지의 법리에서 생성·발전된 법제도이다. 이와 같이 이자금지, 폭리행위 금지의 법리는 1234년의 그레고리우스 9세 교령집(Liber Extra)으로부터 발전된 교회법제도들이다.

60) Thomas Duve, “Kanonisches Recht und die Ausbildung allgemeiner Vertragslehren in der Spanischen Spätscholastik”, in: Der Einfluß der Kanonistik auf die europäische Rechtskultur, BD 1: Zivil– und Zivilprozeßrecht (hrsg. von Orazio Condorelli, Frank Roumy, Mathias Schmoeckel, Köln, Böhlau Verlag, 2009), S. 391.

61) Stephan Meder, Rechtsgeschichte (Köln, Böhlau Verlag, 2002), S. 136.

둘째로 교회법에서는 諾成契約의 유효성을 인정한 것이었다. 즉 교회법학자들은 모든 합의는 방식을 고려함이 없이 구속력이 있는 것으로 파악하였다. 그리하여 “계약은 지켜져야 한다”(pacta sunt servanda)는 일반법원칙이 교회법에서 생성되었다.[62] 교회법은 이러한 성서의 말씀을 기초로 하여 계약은 지켜져야 한다(pacta sunt servanda)라는 契約倫理를 법의 원칙으로 바꾸었다.

로마법에서는 계약법정주의를 취하였으며, 問答契約(stipulatio), 法廷讓與(in iure cessio) 등의 엄격한 방식을 갖춘 계약에 대해서만 訴權(actio)을 인정하였다. 그리하여 낙성계약은 소권이 인정되지 아니하였기 때문에 당사자간의 구속력이 인정되지 않았으나, 교회법에서는 당사자가 합의한 이상 그 계약도 당사자를 구속한다는 법리를 인정하고, 낙성계약의 불이행에 대해서도 교회법원에서 그 구속력을 인정하였다. 그리하여 낙성계약의 유효성은 교회법에서 인정하여 오늘날에 이어지고 있다.

이와 같이 낙성계약의 유효성을 인정한 역사적 과정을 살펴보면 기독교의 도덕신학 및 贖罪諡福(Bußsakrament)에서는 모든 약속은 그 방식에 구애됨이 없이 유효로 인정하였으며, 약속을 지키지 않는 것을 거짓이며 죄로 다루었다. 물론 성서도, 교부들의 말씀도, 교회철학자들도 모든 약속은 그 방식에 관계없이 유효함을 인정하였다. 교회법학자들이 이러한 성서의 말씀을 기초로 하여 계약은 지켜져야 한다는 계약윤리를 법의 원칙으로 바꾸었다. 그 결과 1234년의 그레고리우스 9세 교령집(Liber Extra)에서 성문법으로 모든 계약은 지켜져야 한다고 규정함으로서 낙성계약의 유효성은 교회성문법전에 의하여 일반적으로 인정하게 되었다. 그리하여 낙성계약의 유효성이 세속법에서도 일반적으로 인정되게 되었다.

그리고 로마법에서는 계약법정주의를 취하였으나 교회법에서는

62) Stephan Meder, Rechtsgeschichte, 4. Aufl. (Köln, Böhlau Verlag, 2011), S. 16.

계약법정주의를 극복하고 계약은 지켜져야 한다(pacta sunt servanda)의 법리와 아리스토텔레스와 토마스 아퀴나스의 덕론(Tugendlehre)의 신학에 기초하고, 상거래에 있어서 법의 단순화(Vereinfachung des Rechts im Handelsverkehr)의 필요성에 따라서 계약일반이론을 형성하였다.[63]

셋째로 1298년에 편찬된 보니파치우스 8세 교령집(Liber Sixtus)에서 도덕신학을 기초로 하여 규정한 법의 일반원칙(Regulare Iuris)으로부터 발전된 교회법제도로서 세속법의 법원칙으로 전환된 것들이 적지 아니하다. 보니파치우스 8세 교령집에는 88개조에 달하는 법의 일반원칙을 규정하고 있었다.[64][65]

보니파치우스 8세 교령집의 법의 일반원칙 제69조에서는 도의관념 또는 선량한 풍속에 반하는 약속의 효력불발생의 법리를 인정하였다. 그러한 교회법의 법리가 세속법의 일반원칙인 반사회질서의 법률행위의 무효의 법리로 발전되었으며, 교회법에서의 탈법행위의 금지원칙(일반원칙 제84조)이 세속법의 법원칙으로 수용되었다.

그리고 동 교령집에서의 법의 일반원칙 제4조에서는 손해배상의 방법으로 원상회복(Naturalrestitution)을 인정하였다. 오늘날 손해배상의 하나의 방법으로서 원상회복의 인정은 바로 교회법에서 출발하였다.

---

63) Duve, a. a. O., SS. 395, 398.

64) 보니파치우스 8세 교령집에는 88개조의 법의 일반원칙을 규정하고 있으나, 그 일반원칙은 학설휘찬 제50권 제17장에서 규정하고 있는 211개항의 법의 일반원칙 규정을 모방하여 규정하고 있으며, 그러므로 학설휘찬 제50권 제17장의 법의 일반원칙과 중복되는 내용이 많으며, 교회법에서는 아무런 의미가 없는 규정도 담고 있다. 예를 들면 일반원칙 제6조(Regula VI)에서는 어느 누구도 불능에 대해서는 책임을 지지 아니한다라고 규정하고 있으나, 그러한 일반원칙은 교회법에서는 아무런 의미가 없다. 그러나 24개 일반원칙 조항은 학설휘찬에서의 법의 일반원칙과는 다른 순수히 교회법의 일반원칙이다.

65) 교회법의 용어에 관하여, Canones는 공의회의 결의를 의미하며, Dekretalen은 교황의 결정인 敎令을, canon은 조문을, Kanonistik은 교회법 또는 교회법학을 의미한다.

또한 직접대리제도와 제3자를 위한 계약의 법리도 보니파치우스 8세 교령집에 근거를 둔 교회법제도로서 세속법에 전수되었다.[66] 로마법에서는 직접대리제도를 알지 못하였다.[67] 왜냐하면 로마법에서의 계약은 엄격한 방식을 요하였기 때문에 방식을 갖추기 위해서는 계약당사자가 계약체결 전에 현장에 있어야 하기 때문이었다. 특히 문답계약의 경우에는 당사자가 직접 문답을 하여야만 하였으므로 제3자를 위한 문답을 할 수 없었다.

그러나 보니파치우스 8세 교령집으로부터 시작하여 13세기 이래로 교회법에서는 혼인계약의 체결에 대리가 인정되었다. 이처럼 교회법에서는 고도의 인격적인 법영역에서 대리를 허용하였음에도 불구하고, 세속법인 로마법에서는 비인격적인 법영역에서 대리를 허용하지 않은 이유를 찾을 수 없었다. 그리하여 교회법에서의 직접대리와 제3자를 위한 계약의 성립의 인정은 "계약은 지켜져야 한다"는

66) 로마법에서는 어느 누구도 다른 사람을 위해서는 어떠한 약속도 할 수 없다(alteri stipulari nemo potest: Für einen anderen kann man sich nichts versprechen lassen)이란 法諺에 의하여 직접대리가 인정되지 아니하였다. 유스티니아누스 대제 때도 직접대리는 강하게 부인되었다. 대리(Stellvertretung)라는 용어는 18세기에 신학에서 처음으로 사용되었으며, 교회법에서 대리이론이 개발되고, 세속법학에서는 19세기에 처음으로 사용되었다. 사비니는 대리를 Repräsentation이라 표현하였으며, 사비니에 의하여 대리가 의사표시, 즉 법률행위의 영역으로 확대·적용하였다(Vgl., Mathias Schmoeckel, "Die Entwicklung der juristischen "Stellvertretung" im Kontext theologischer und juristischer Begrifflichkeiten", in: Der Einfluß der Kanonistik auf die europäische Rechtskultur, BD 1: Zivil- und Zivilprozeßrecht (hrsg. von Orazio Condorelli, Frank Roumy, Mathias Schmoeckel, Köln, Böhlau Verlag, 2009), SS. 107-108, 115, 127). 그리고 교회법은 교회를 위하여 대리인을 통한 제3자를 위한 계약의 유효성을 인정하고, 교회를 위한 공증인의 공증의 유효성도 인정하였다(Vgl., a. a. O., S. 130). 교회법에서는 더 나아가서 혼인에도 직접대리를 인정하였다(Vgl., a. a. O., S. 132). 그리고 교회법에서는 혼인은 남녀당사자간의 합의이지만, 제3자 및 신과도 관계가 있는 남녀관계라고 파악하였다(Vgl., Christianity and Law, op. cit., p. 179). 근대에 와서 그로티우스는 당사자의 합의에 의한 대리의 유효성을 처음으로 인정하였다(Vgl., Schmoeckel, a. a. O., S. 135).

67) 로마법에서는 "어느 누구도 다른 사람을 위하여 약속을 할 수 없다"(Alteri stipulari nemo potest: Niemand kann sich zugunsten eines anderen etwas versprechen lassen)는 법원칙이 인정되었다.

법원칙과 결합하여 오늘날의 직접대리제도와 제3자를 위한 계약의 법리 형성에 영향을 주었다. 그러나 직접대리제도가 세속법에 정착하는데는 오랜 시간이 걸렸다.

또한 교회법은 형평의 견지에서 계약벌(Vertragsstrafe)의 완화에 기여하였다.[68]

그리고 긴급피난의 법리도 교회법에서 출발한 법제도이다. 긴급피난의 법리에 관하여는 보니파치우스 8세 교령집 이전인 1188년에 편찬된 교회법서인 追加敎令抄錄(Breviarium Extravagantium Decretalium)에서 인정된 교회법제도였다. 동추가교령초록에는 역시 도덕신학에 기초한 14개의 법의 일반원칙을 담고 있었다. 추가교령초록에서의 법의 일반원칙으로 "病者는 斷食誡命을 지킬 필요가 없다"(Kranke brauchten sich nicht, an Fastengebote zu halten)는 도덕원칙이 인정되었다. 이러한 도덕원칙은 게르만법에서의 "위난은 법을 모른다"(Not kennt kein Gebot)는 법원칙과 결합하여 세속법의 일반원칙이 되었다.

또한 추가교령초록에서는 법률행위의 일부가 무효일 때에는 그 殘部가 유효하다는 잔부유효의 원칙을 인정하였다.[69]

그리고 교회법학에서는 過責(Verschulden)에 기한 개인책임의 이념을 정립하고, 금지된 행위로 인하여 결과가 발생하였다고 하더라도 부주의로 인하여 결과가 발생하였을 때에만 책임을 진다는 이론을 발전시켰다. 그리하여 교회법학에서는 과실책임의 법리를 발전시켜 세속법의 과실책임의 원칙 정립에 기여하였다.

68) Hans－Georg Hermann, "Der kanonische Beitrag zur Begrenzung von Vertragsstrafen", in: Der Einfluß der Kanonistik auf die europäische Rechtskultur, BD 1: Zivil－und Zivilprozeßrecht (hrsg. von Orazio Condorelli, Frank Roumy, Mathias Schmoeckel, Köln, Böhlau Verlag, 2009),S. 201.

69) 법률행위의 일부가 무효인 경우에 학설휘찬에서는 잔부유효로 인정하고(D. 45. 1. 1. 5), 보니파치우스 8세 교령집에서도 역시 잔부유효로 인정하였으며(Regula XXXVII), 독일보통법에서도 역시 잔부유효로 인정하였다. 그러나 19세기 판덱텐법학에 와서야 비로소 일부가 무효이면 전부무효로 바뀌게 되었다.

또한 교회법은 점유보호를 확대하였다. 로마법에서는 점유권이 인정되기 위해서는 물건에 대한 사실상의 지배에 점유자의 소유의 의사(animus dominandi)를 요하였으나 교회법에서는 점유에 자기의 이익을 위한 의사(animus possidendi)가 있으면 점유권으로 인정하였다. 그리고 선의자 보호와 관련하여 시효취득에 있어서 교회법은 全 점유기간 동안 선의일 것을 요구하였다.[70] 그러나 로마법에서는 占有開始시에 선의이면 족하였다. 그리고 교회법에서는 악의자에 대해서는 소멸시효의 진행을 인정하지 않았다.

교회법은 범죄성립에 있어서 犯意를 중히 다루어 범죄의 결과보다는 범죄의 동기와 범의를 중시하여 결과책임에서 과실책임에로의 전환에 기여하였으며, 응보형에서 교육형 형벌제도의 발전 등에 기여하였다.

이와 같이 교회법은 도덕신학의 영향으로 법의 도덕화(Moralisierung des Rechts)에 크게 기여하였다. 그것은 도덕신학에 의하여 정의를 박애와 자비와 결합시켜 교회법과 교회법학에서 일반적인 법원칙과 구체적인 법제도로 발전시킨 결과이었다. 이처럼 교회법에서부터 법의 일반조항이 생성·발전하게 되었다.[71]

중세의 신학적 자연법론에 기초한 교회법제도로서 세속법에 미친 법제도들도 적지 아니하다. 그 첫째가 인간의 신앞의 평등사상은 인간의 법앞의 평등원칙으로 전환되었다. 성서에는 모든 사람은 신의 피조물이며, 형제자매라고 하였다. 그러한 신앞의 평등사상이 세속법의 법앞의 평등의 사상적 기초가 되었다. 그리고 1140년의 그라티니아누스 교령집에서는 남녀의 권리와 의무를 평등하게 하는 방법

70) 현재의 교회법전에서도 여전히 소멸시효와 교회재산의 시효취득을 위해서는 全 점유기간 동안 선의일 것을 요구하고 있다(can. 1268, can. 198 CIC(Codex Iuris Canonici)).

71) Hölscher, a. a. O., S. 35. 로마법의 연구방법은 구체적인 사건에 구체적으로 답을 하는 카주이스틱(kasuistisch)한 방법을 취하였기 때문에 법에서의 일반화, 추상화를 하지 아니하였다.

으로 남녀의 평등을 이루고자 하였다. 이러한 중세 교회법에서의 인간의 평등사상은 남녀간의 평등도 그 내용으로 하였으며, 중세교회법에서는 여자도 남자와 동등하게 소송당사자가 될 수 있었다.[72][73] 그러나 형식적으로는 남녀가 소송상 평등하였지만 실질적으로는 불평등한 점이 많았다.[74][75]

둘째로는 다수결의 원리(Mehrheitsprinzip), 형법상의 一事不再理의 원칙(ne bis in idem: nicht zweimal gegen dasselbe), 의심스러울 때에는 피고인의 이익으로의 원칙(in dubio pro reo), 그리고 비호권(Asylrecht) 이론[76] 등이 교회법으로 출발하여 세속의 법원칙으로 발전된 법제도들이다.

다수결의 원칙은 보니파치우스 8세 교령집에서 법의 일반원칙으로 "다수결로 결정한 것은 합의로 본다"(Regula LXXXIV)는 규정으로부터 교회법학자들이 정립한 법원칙으로서 공법상의 문제해결에의 적용으로 확대되었으며, 오늘날 민주주의 발전의 기초가 되었다. 교황선출에 있어서의 다수결의 원리가 적용된 것은 1179년 교황선출규정에서 시작되었다.[77]

그리고 일사부재리의 원칙은 教會法史에 있어서 僞書[78]로부터 배

72) Knut Wolfgang Nörr, Romanisch－Kanonisches Prozessrecht(Springer Verlag, 2012), S. 23.

73) 수도승은 상사의 동의가 있어야 원·피고가 될 수 있었으며, 破門을 당한 자는 원고가 될 수 없었다. 그러나 방어를 위해서 피고는 될 수 있었다. 그리고 파문을 당한 자라도 上訴는 할 수 있었다(Vgl., a. a. O., S. 23). 그러나 파문당한 피고는 반소를 제기할 수 없었다(Vgl., a. a. O., S. 107).

74) Meder(각주 61), a. a. O., S. 158.

75) 교회법원의 관할사건에 관하여는, 수도사가 피고인 사건은 교회법원의 전속관할에 속하였으며, 미천한 자도 교회법원에 소송을 제기할 수 있었으며, 세속법원이 다루기를 거부한 사건도 교회법원에서 다루었다(Vgl., Nörr, a. a., S. 60). 교회법원의 판결은 패소자를 파문하는 방법으로 강력하게 집행할 수 있었다.

76) 교회에서의 비호권은 AD 399년부터 인정되었다.

77) Meder(각주 61), Rechtsgeschichte, S. 166.

78) 교회법사에 있어서 위서는 황제권력과 교회권력이 대립되었던 敍任論爭의 시기에 황제에 대항하여 교황체제를 옹호하는 교회법 질서를 세우고자 한 법서들이

태된 교회법원칙으로서 세속법에서의 공법상의 一事不再議의 원칙과 형법상의 一事不再理의 원칙으로 발전되었다. 또한 형사소송법상의 일반원칙으로 의심스러울 때에는 피고인의 이익으로의 법리도 교회법에 그 기초를 두고 있다.[79)]

그리고 기득권 보호의 원칙도 교회법에서 발전된 법원칙이다. 그레고리우스 9세 교황(1227－1241 재위)이다. 그레고리우스 9세 교황은 그의 교령에서 법률은 장래에 향하여 효력이 있으며, 과거에 대해 불이익하게 되지 아니한다고 하였다. 이러한 법률의 소급효 금지에 의하여 기득권 보호의 법원칙이 형성되었다.

교회의 비호권은 성서의 민수기 제35장 11절이하에서 이미 인정되고 있었으며, 프랑크시대에 교회의 教會領의 免稅地(Immunität)로의 인정과 면세지재판권(Immunitätsgerichtsbarkeit)의 인정에 의하여 교회재판에서 확립되어, 오늘날의 亡命權으로 발전하게 되었다.

그 외에도 교회법으로 발전된 법제도가 수없이 많다. 공무원의 행위에 대한 국가책임의 인정에 있어서 직무관련성이 있어야 한다는 법리도 그 근원을 교회법에 두고 있다. 이러한 직무관련성 법리는 주교의 행위가 교회의 직무와 관련이 없을 때에는 주교의 행위에 대하여 교회가 책임을 거절한 데서부터 출발하였다. 이와 같이 교회법에서 주교의 행위에 대한 교회책임의 인정에 있어서 직무관련성의 법리를 정립한 것은 교회가 세속권력의 침해로부터 교회재산을 보호하기 위함에 있었다.

또한 교회법은 채권양도 제도, 계약해제제도도 발전시켜 세속법의 법제도로 전수하였다. 채권양도는 교회법과 교회재판을 통하여 이루

었다. 위서는 대체로 850년 경부터 나타났다. 대표적인 위서로는 이시도르교령집(Pseudo－Isidore Dekretalen), 디오니시우스 위서, 클레망스 위서 등이 있다.

79) Peter Landau, "Die Bedeutung des kanonischen Rechts für die Entwicklung einheitlicher Rechtsprinzipien", Die Bedeutung des kanonischen Rechts für die Entwicklung einheitlicher Rechtsprinzipien: Schriftreihe der Gesellschaft für Rechtsvergleichung (hrsg. von Heinrich Scholler, Baden－Baden, Nomos Verlagsgesellschaft, 1996), S. 37.

어졌다. 교회재판은 국경을 넘어서도 제기할 수 있었으며, 교회법원의 판결은 국경을 넘어서도 효력이 인정되었다. 그러나 세속의 분방법원은 관할경계를 넘어서는 효력이 인정되지 않았다. 교회법원의 판결의 집행은 교회의 파문(Exkommunikation)을 통해서 국경을 넘어서도 가능하였다. 그리하여 채권자는 채무자의 채무이행을 확보하기 위해 교회재단에 채권을 양도하고 교회재단이 교회법원에 소를 제기하는 일이 일어났다. 그리하여 교회법원의 소제기를 위한 채권양도가 즐겨 행하여졌다. 이러한 방법으로 채권양도의 법리가 발전하여 세속법에 전수되었다.

계약해제도 역시 교회법에서 출발한 법제도이다. 계약의 해제는 일방당사자가 계약을 지키지 않으면 타방당사자도 계약을 지킬 필요가 없다는 사상에서 출발하였으며, 계약에 충실한 당사자로 하여금 계약을 해소하고 이미 지급한 급부의 반환을 청구하도록 하는 것이 정당하다는 도덕신학 사상에 기초한 제도이다.[80][81]

교회법은 혼인법과 유언법에 크게 영향을 주었다. 혼인조건, 혼인의 방식, 혼인장애사유, 일부일처제, 비밀혼의 금지, 근친혼의 금지, 남녀평등 내지 부부평등의 사상, 이혼의 금지 및 제한, 별거생활 등은 모두 교회법으로부터 영향을 받은 제도이다. 그리고 교회법에서는 선의의 무효혼을 보호하였으며, 準正제도를 인정하였다. 그러나 교회에서는 혼인외의 성적결합을 죄악시하였기 때문에 교회법에서는 혼인외의 출생자를 천대하였다. 그 결과 혼인외의 출생자에 대해

80) Bruno Schmidlin, Der Vertrag im Europäischen Zivilrecht(Zurich, Schulthess, 2011), S. 165.

81) 상계(compensatio)의 방법에 관하여는 세속법원이나 교회법원 모두 상계를 실체상의 권리로 파악하지 아니하고 절차상의 행위로 파악하였다. 또한 상계의 방법은 상계적상에 이르면 당연상계를 인정하는 방법, 상계의 의사표시를 재판에 의해서 행사하게 하는 방법, 그리고 상계의 의사표시에 의하여 상계하도록 하는 방법이 혼용되었다(Vgl., Nörr, a. a. O., SS. 105－106). 그러나 독일 보통법시대에는 당연상계를 인정하였다. 지금은 상계의 의사표시를 요하고, 다만 상계의 효과는 상계적상의 요건을 갖춘 때로 소급시키고 있다(한국민법 제493조 제2항).

서는 上訴權을 부인하였으며, 오로지 생존중에 부양받을 권리만을 인정하였다. 그리고 오늘날의 유언의 종류, 유언의 방식, 유언집행인 제도 등은 교회법으로 부터 영향을 크게 받았다.

또한 교회법은 소송절차에 있어서도 로마법에서의 민사소송의 준비절차와 심판절차를 구별하고 그 담당자를 달리한 방식서소송제도에서 법관이 소송을 진행하면서 동시에 법을 발견하여 적용하는 일을 모두 담당하도록 하여 소송절차를 일원화하였다. 교회법에서 형사소송절차는 진실발견을 위하여 糾問節次(Inquisionsprozess)로 진행하였다. 그리하여 민사소송에서는 소송의 신속을, 형사소송에는 진실의 발견을 도모하는데 중점을 주어 교회소송절차가 발전하였다.

이러한 교회소송절차에 관하여는 교회법대전 중, 1317년에 발표된 클레멘스 5세 교령집(Clementines)에 주로 규정되어 있다. 특히 민사소송에는 소송절차에 있어서 쟁점정리(litis contestatio) 절차를 없애고, 구두로도 소송을 제기할 수 있도록 하였으며, 증거판단을 단순화하였으며, 소송상의 기일과 기간을 단축하였다. 그리고 결정적인 증거수단은 宣誓로 하였다. 그리하여 세속법원에서의 決鬪, 神判 등에 의한 비합리적인 증거수집방법의 개선에 교회소송제도가 공헌하였다.

그리고 교회법은 국제법의 발전에도 기여하였다. 특히 전시국제법의 형성에 영향을 주었으며, 교회재판은 국제재판의 기원이 되었다. 1139년 인노센티우스 2세(Innocentius II) 교황은 전쟁에 사용할 수 있는 무기의 종류를 열거하는 교령을 발포하여 그것이 전시국제법의 효시가 되었다. 그리고 교회소송은 소송당사자의 국적이나 신분에 구애됨이 없었다. 그 결과로 교회재판은 국제재판의 기원을 이루고 오늘날 국제재판소의 설립에 영향을 주었다.

이와 같이 교회법에서는 도덕적 내용을 많이 내포하고 있다. 그리하여 로마법은 싸움의 해결, 즉 분쟁의 해결을 목표로 하였음에 반하여, 교회법은 평화의 창조와 정의의 실현을 목표로 하였다고 평가

되고 있다.[82)]

(3) 교회법과 로마법의 상호관계의 발전

교회법은 본래 교회가 로마법을 받아들여 그 로마법에 기독교 신학 중 도덕신학과 중세의 신학적 자연법론의 사상적 영향을 받아 독자적인 새로운 법영역으로 발전된 법이다. 또 한편으로 로마법은 중세의 주석학파와 주해학파의 로마법에 대한 연구시에 기독교 사상의 영향을 받아 수정되고 확대되고 보다 보편적인 가치를 담은 법으로 발전되었다.

교회법은 중세의 교회시대에 교회법학에 의하여 더욱 발전되고 교회재판을 통하여 교회내의 소송사건을 물론 세속사건에 대해서도 교회법원이 재판함으로서 교회법 원리와 개별법제도가 로마법과 함께 세속사건의 재판에 적용되었다. 그리하여 중세에는 교회법은 교회내부는 물론 교회법원이 관장하는 세속사건에 대한 교회재판에 그대로 적용되고, 로마법은 세속법원의 재판에 적용되었으나 성문법으로서의 로마법이 아니라 주석된 로마법이 당시의 재판에 적용되었다.

그리고 주석학파, 주해학파에 의하여 로마법이 연구됨과 함께 주석학파, 주해학파에 의하여 교회법도 함께 연구되고 가르쳐졌다. 이렇게 서양 중세에는 교회재판권의 관할사건에는 교회법이, 세속법원의 관할사건의 재판에는 로마법이 적용되면서 양법이 병존적으로 발전되어 왔다. 중세의 대학에서는 양법이 모두 함께 가르쳐 지고 양법에 정통한 법학자를 법학박사(Doctor utriusque iuris)라 하였다. 게르만법은 법인에 관한 법이 발달하였기 때문에 교회법인에 관하여는 게르만법에서의 법인법이 교회에 수용되었다.

---

82) Hölscher, a. a. O., S. 72.

교회법은 도덕신학에 의하여 기독교윤리에 입각하여 법의 도덕화에 기여하였으며, 자연법론에 의하여 인류보편의 가치를 담아 독자적인 법영역으로 발전하게 되었다. 한편으로 로마법은 역시 도덕신학과 신학적 자연법을 사상적 기반으로 하여 학문적으로 연구되어 로마법도 역시 인류보편의 가치를 담아 실현하는 방향으로 발전하게 되었다. 그리하여 유럽대륙에 계수된 주석된 로마법을 쓰여진 이성(ratio scripta)으로 받아들여지게 되었다. 따라서 로마법과 교회법은 이상적인 인류보편의 가치를 담은 법으로 발전하게 되었다.

그리하여 로마법과 교회법이 근대에 들어와서는 유럽대륙, 특히 독일에서 보통법(ius commune), 즉 신성로마제국의 일반법이 되었다.[83] 독일의 고유법은 게르만법이었다. 신성로마제국에서 재판을 할 때에는 원칙적으로는 고유법인 게르만법을 적용하여 판결하여야 하였다. 그러나 고유법이 없거나 고유법이 不明할 때에는 보충적으로 계수된 로마법을 적용하였다. 로마법이 보충적으로 적용되었지만 실제 재판과정에서 재판관들이 대부분 로마법을 공부한 로마법에 정통한 사람들이었고, 고유법의 존재에 대해서는 원고가 입증을 하여야 하였으나 원고가 고유법을 입증하기 어려웠을 뿐만 아니라 입증을 하였다고 하더라도 로마법에 익숙한 재판관들이 고유법을 받아들이지 않았으며, 내용이 보편적이지 못한 고유법은 재판관이 이를 채용하지 아니하였다. 그리하여 형식적으로는 계수된 로마법에 보충적인 효력이 인정되었지만 실질적으로는 계수된 로마법이 일반법으로 재판과정에 적용되었다. 교회법도 도덕신학의 기독교 윤리를 바탕으로 한 법의 일반원칙의 내용을 담고 있었기 때문에 재판과정에서 보통법으로서 받아들여졌다. 그 결과 근세는 로마법과 교회법

83) 독일민법전이 시행되기 전인 1900년까지의 독일의 최고법원인 제국법원 판결의 半이 보통법에 의한 판결이었다고 한다. 그리고 2000년대까지 로마법대전(Corpus Iuris Civilis)에 의한 판결이 행하여졌다고 한다(Siehe, Stephan Meder, Rechtsgeschichte, 4. Aufl.(Köln, Böhlau Verlag, 2011), S. 23).

이 법의 내용을 인류보편의 가치를 담아 세속사건의 재판에 일반법으로 적용되게 되었다. 그리하여 교회법과 로마법이 오늘날 민법의 기초가 되었다. 그러므로 오늘날의 민법은 인류보편의 가치를 담은 교회법과 순화되고 주석된 로마법으로의 발전단계를 거쳐서 형성된 법이다.

4. 근세의 자연법 사상

근세 자연법론은 인간중심의 인격존중의 사회사상이었으며 법사상이었다.[84] 그러므로 모든 정치제도, 법제도의 중심은 인간이었다. 특정의 권력을 가진 권력자가 아니라 모든 인민이 인간으로서 대접

84) 자연법(Naturrecht)의 개념은 多義的이다. 자연법은 법의 정당성, 법의 이념, 법의 실효성, 법의 본질 등의 문제를 다루며(Vgl., Erik Wolf, Das Problem der Naturrechtslehre, 2. Aufl.(Karlsruhe, Verlag C. F. Müller, 1959), S. IX), 자연법은 실정법에 대한 합법성의 근거이며, 모든 법을 규율하는 기준이 되는 법이다(Vgl., a. a. O., S. 156). 그리고 자연(Natur)이란 개념도 적어도 8가지의 개념으로 사용되어 있는 것으로 파악되고 있다. 즉, 자연은 본질적인 특성(Wesenseigenart), 고유성 내지 원천성(Originalität bzw. Ursprünglichkeit), 순수성(Echtheit), 필연성(Notwendigkeit), 이상성(Idealität), 창조본래성(Kreatürlichkeit), 실재성 내지 사물의 본질성(Realität bzw. Natur der Sache), 활력성 내지 추진성(Vitalität bzw. Triebnatur), 재생성(Erneuerung bzw. Wiederherstellung) 등의 의미로 사용되고 있다(Vgl., a. a. O., S. VII). 그리고 자연법은 전유럽대륙의 공통적인 법문화에 속하며(Vgl., Thieme, a. a. O., S. 43), 영국에서는 자연법으로 판례법이 형성·발전되고, 특히 형평법(Equity)은 자연법론의 영향으로 형성된 법으로 이해되고 있다(Vgl., Thieme, a. a. O., S. 37). 그리고 사물의 본질(Natur der Sache)라고 할 때의 자연은 본질로 해석된다. 사물의 본질이란 플라톤에서의 이데아, 아리스토텔레스에서의 엔테레히와 같은 개념이며, 생의 철학, 법현상학, 실존주의에서의 개별현상의 본체 내지 본질로 이해되었으며, 법에서는 법의 흠결의 보충, 보충적인 계약해석, 입법을 위해 활용되었다. 이러한 사물의 본질은 존재하는 것이 아니라 사고되는 것으로서, 인간이성에 의하여 사고된 궁극의 진리이다. 이와 같은 사물의 본질사고는 독일민법이 제정되어 시행된 직후에 독일민법이 硬化하여 독일민법이 현실에 맞지 아니할 때에 독일민법을 현실에 탄력적으로 적용될 수 있도록 한 법사고이기도 하였다(Vgl., Ralf Dreier, Zum Begriff der Natur des Sache (Berlin Walter De Gruyter & Co., 1965)).

받아야 한다는 사상이었다. 인간위에도 인간없고 인간밑에도 인간이 없는 만인평등의 인간상을 사상의 중심주체로 설정하였다. 그러므로 자연히 인간을 지배하는 절대권력자에 대항할 수밖에 없었다. 절대권력자에 대항하고 인간이 세상의 주인으로서 인간으로 대접받을 수 있기 위해서 인정되어야할 사회사상 내지 법사상의 내용은 바로 만민평등, 주권재민, 천부인권, 재산권보장, 권력분립, 저항권이었다. 그러므로 근세 자연법 사상은 혁명적인 급진적 사상이었다.

근세자연법론이 정치 내지 법제도적으로 이러한 만민평등, 천부인권, 재산권 보장, 권력분립, 저항권을 인간에게 인정한 것은 자연법론에서 인간에 대한 깊은 이해와 인간존중의 사상이 기초가 되어 있었다. 그것은 인간의 자유와 평등과 인간에 대한 사랑이었다. 인간의 자유와 평등, 그리고 인간에 대한 사랑을 실천할 수 있기 위해서는 공법적으로는 주권재민, 천부인권, 권력분립, 저항권을 인정하여야 하였으며, 그러한 공법적인 인간존중의 법적인 확인은 인권보장에 관한 법문서로 이루어졌다. 그러한 법문서에 의한 인간존중의 표현이 이루어지기 위해서는 그 전에 인간을 억압하던 절대군주의 제거가 선행되어야만 하였다.

그리하여 영국에서는 1649년에 크롬웰(Oliver Cromwell: 1599－1658)이 절대군주였던 찰스 1세(1600－1649, 재위: 1625－1649)를 처형하고, 1689년에 와서는 권리장전(Bill of Rights)에 의하여 인간존중의 법문서를 확보하였으며, 미국에서는 식민지 종주국에 대항하여 독립선언서(1776)를 발표하고 독립전쟁(1775－1783)에 의하여 종주국 영국을 몰아냄으로서 근세 자연법 사상을 실천하고 이를 법문서로 확인하였으며, 프랑스에서는 1789년 인권선언을 발표하여 이를 법문서로 확인하였으며, 1793년 절대군주였던 루이16세(1754－1793, 재위: 1774－1792)를 처형함으로서 절대왕정을 소멸시키고 인간중심의 근대의 시민사회를 이루었다. 이처럼 영국, 미국, 프랑스에서는 절대군주의 처형 또는 식민지인에 대하여 절대권력을 행사하였던 종주국을 전쟁을 통하여 몰아냄으로써 혁명적인 방법으로 근세의 자연법 사상을 실천하였다. 그 결과 그 전의 절대왕정시대와는 전혀 다른 새로운 모든 사람이 인간으로 대접받는 시민사회를 이루었다.

그러나 프러시아는 이러한 혁명에 의한 절대군주의 제거의 방법이 아니라 계몽주의 사상의 영향을 받아 절대군주 스스로가 절대권력을 행사하면서도 자신을 절대적 지배자가 아니라 인민의 봉사자(Diener des Volkes)로 표현하면서, 인민의 교육과 복지에 관심을 갖고 실천하는 방법으로 점진적으로 인간을 존중하고 인간을 깨우치는 일을 하였다. 물론 프러시아에서도 절대군주로 하여금 계몽적 군주로 변화할 수 있도록 사상적으로 지도한 사람들은 역시 자연법론자들이었다. 그 대표적인 자연법론자들은 Samuel von Pufendorf[85] (1632-1694), Christian Thomasius[86](1655-1728) 그리고 Christian

85) 푸펜돌프의 자연법사상은 그로티우스와 홉스의 자연법사상에 기초하고 있었으며, 경험적으로 살펴보면, 인간은 그 본성이 혼자서는 살아갈 수 없는 사회적 존재이기 때문에 인간은 사회를 이루어 살아갈 수밖에 없으며, 따라서 인간은 서로 돕고 살아가야할 의무를 법적으로 부담한다고 하였다. 이러한 상호의무의 이행을 보장하는 것은 계약에 의하여 이루어지며 그 계약은 의무로 구성되며 그 의무는 3가지 방향, 즉 신과 자신과 다른 사람에 대하여 의무를 진다고 하였다(Vgl., Hans Schlosser, Neuere Europäische Rechtsgeschichte (Beck, 2012), Rn 18-21, 9. Kapitel: Rationales Naturrecht der Aufklärung). 그리하여 푸펜돌프는 2단계 계약설을 주장하였다. 즉, 자연상태에서 시민사회로 전환하기 위한 시민간의 계약을 체결하고, 그 다음에 지배자와 시민간에 지배복종의 계약을 체결하였다고 하였다(Vgl., Christianity and Law, op. cit., p. 101). 그러나 푸펜돌프는 저항권을 인정하지 아니하였다(Siehe, Der Europäische Rechtsstaat: 200 Zeugnisse seiner Geschichte (hrsg. von Jürgen Brand, Hans Hattenhauer, Heidelberg, C.F.Müller, 1994), S.XXXI). 그리하여 푸펜돌프는 계몽적 절대주의를 옹호한 자연법론자였다(Vgl., Christianity and Law, op. cit., p. 101).

86) 토마지우스의 자연법론은 경험주의(Empirismus)와 절충주의(Eklektizimus)에 입각하고 독일의 전통을 흔들지 아니하고, 독일고유법에 자유사상을 주입하여(Vgl., Thieme, a. a. O., S. 25), 자연법은 강제할 수 없으나 양심을 구속하는 법으로 개념정의하고, 국가권력을 가진 지배자는 피지배민에게 안전, 질서, 행복 그리고 복지를 보장하여야 할 의무를 부담한다고 하였다. 토마지우스의 이러한 자연법론은 공공의 복리에 이바지하는 공리주의적인 사회윤리이었다(Vgl., a. a. O., Rn 42, 9. Kapitel: Rationales Naturrecht der Aufklärung). 무엇보다도 토마지우스

Wolff[87](1679-1754) 등이었으며, 계몽적 절대군주는 프로이센의 프리드리히 2세(Friedrich II: 1712-1786; 재위: 1740-1786)와 오스트리아의 요셉 2세(Joseph II: 1741-1790; 재위: 1764-1790)이었다.

이처럼 자연법 사상은 인간을 존중하는 사상이었기 때문에 아래로부터의 동의를 얻을 수 있었던 사상이었다. 그렇게 때문에 시민들을 결집할 수 있었던 사상이었다. 그리하여 결집된 시민의 힘에 의하여 시민혁명이 성공할 수 있었다. 그러나 프러시아와 오스트리아에서는 아래로부터 혁명은 성공하지 못하고 위로부터의 민중의 지위의 향상과 복지를 위한 개혁이 있었을 뿐이었다. 이와 같이 사회의 변화를 가져올 수 있는 사상은 민중을 결집시킬 수 있는 사상이 가장 가치있는 사상임을 알 수 있다.

그리고 시민혁명에 의하여 급진적인 변혁을 이룬 나라와 계몽적 절대군주제로 나아간 나라와는 자연법에 의한 근대민법전의 제정에 큰 차이를 낳았다. 프랑스에서는 구체제를 완전히 不息하고 자유, 평등, 박애의 사상적 기초위에서 프랑스민법전을 제정하였으며, 독일에서는 舊體制의 잔재를 유지하는 프로이센일반주법[88]을 제정하였다. 그 결과로 舊體制의 잔재를 모두 불식한 독일민법전이 제정되기까지는 1세기 가까운 시간이 더 소요되었다.

이러한 근세 자연법사상은 오늘날의 헌법과 민법의 실정법에 의하여 규정되어 보장되고 있다. 그러므로 지금의 헌법과 민법은 근대

는 자유사상의 자연법론자였다(Vgl., Thieme, a. a. O., S. 25).

87) 볼프의 자연법론에 의하면 자연법은 天賦的이며, 변화할 수 없으며, 세계속에 내재되어 있는 진리(Wahrheit)로서 정치, 사회의 모든 영역의 공동생활에서 실현되어야만 한다고 하였다. 볼프의 자연법도 역시 의무개념에서 출발하고 있으며, 권리는 구체적 의무의 反射에 불과하다고 하였다. 따라서 그의 자연법론은 善行과 惡行의 윤리적 기초이었다. 따라서 볼프의 자연법론은 모든 인간에게 완전함(Vollkommenheit)을 위하여 노력할 것을 요구하는 의무윤리(Pflichtenethik)이었다. 그의 이러한 자연법사상은 프랑스인권선에 영향을 주었다고 평가되고 있다(Vgl., a..a. O., Rn 53-54, 9.Kapitel: Rationales Naturrecht der Aufklärung).

88) 等族의 인정, 분할소유권의 인정 등이 대표적인 舊體制의 잔재들이었다.

의 자연법 사상에 입각하여 그 사상을 입법하여 규정하고 있으며, 앞으로도 지속적으로 인간중심의 사회로 발전해 나갈 것을 실정법에서 확인하고 보장하고 있으며, 다른 한편으로는 구체제였던 절대왕정에 의한 人間輕視의 상태로 回歸하는 일이 없도록 방지하고 있다. 따라서 오늘날의 정치제도와 법제도는 모두가 근세 자연법론에 의하여 주장되었던 사상을 실정법으로 확인하고 제도화하여 실천해 가고 있는 것이다. 현재 우리의 헌법과 민법도 마찬가지로 근세 자연법론의 사상을 제도화하고 실천해 나가고 있는 것이다.

그리고 근세 자연법론이 주장하였던 사상은 일반적이고 보편적인 사상이기 때문에 그것의 법제화도 역시 일반규정으로 나타날 수밖에 없었다. 그리하여 근대민법에서의 중심사상인 인간의 자유, 평등, 박애 사상은 일반규정에 의하여 추상적으로 규정되어 있다.

제 3 절 근대민법의 기초사상으로서의 자유, 평등, 박애의 내용과 입법

1. 자연법사상의 내용으로서의 자유, 평등, 박애

근대시민사회는 중세의 신분구속적인 봉건사회를 극복하고 이룬 사회로서, 인간 개인의 인격과 이성을 인정하고 존중하며, 인간 상호간에는 사랑이 오고가는 박애 내지 형제애를 추구한 사회였다. 이러한 자유, 평등, 박애의 정신을 실천하는 방법으로 인간의 법앞의 평등, 주권재민, 삼권분립을 실천하고, 인간의 생명, 신체, 건강, 자유, 재산권의 보호 내지 행복추구권을 천부인권으로 인정하였다. 이러한 인간존중의 사상은 바로 자연법 사상이었으며, 근대의 자연법 사상은 그리스 철학으로부터 시작하여 발전되어, 기독교의 도덕신학의 영향을 받고, 근세의 절대왕정에 대항하는 이데올로기로 형성되어 왔다. 그리고 이러한 자연법 사상을 실천해 나가는 소재가 되었던 법은 로마법이었다.

이러한 내용의 근대 자연법 사상은 저항권의 인정에 의한 혁명에 의하여 구체제였던 절대왕정을 무너뜨리고 인간 개인이 존중받는 근대시민사회를 이루었다. 자유, 평등, 박애는 바로 근대 자연법 사상의 내용이었다. 그리고 이러한 근대 자연법 사상은 그리스 철학으로부터 기독교 사상의 영향을 받아 오랜 시간을 거치면서 발전된 인간존중의 법사상이었으며, 사람과 사람간에는 사랑, 즉 형제애로써 공동체를 이루어야 한다는 법사상이었다. 근대민법은 바로 이러한 인간개인의 존중과 함께 인간공동체를 이루어 더불어 살아갈 것을 소망하는 자유, 평등, 박애의 사상에 기초하여 그 사상들을 구체적으로 실천할 수 있는 법규정으로 제정되었다. 특히 자유와 평등은 인간 개인에게 적용되는 가치이자 사상이며, 박애는 인간이 공동체를 이루어 살아가야할 사회적 존재이기 때문에 인간이 공동체를 이루어 나감에 개개인에게 요구되는 덕목이며 공공체 구성의 원리로서의 가치이다. 이러한 자유, 평등, 박애의 가치와 사상은 모두 근대 자연법론의 내용이다.

2. 중세의 신분구속적인 봉건사회의 극복과 근대시민사회의 사상으로서의 자유, 평등, 박애의 사상

근세의 시민사회는 중세의 봉건사회를 극복하고 이룬 사회이다. 어느 사상이든 새로운 사상은 당시의 지배사상에 대한 저항적인 성격을 가지고 있으며 동시에 새로운 시대를 열어가는 사상으로서의 양면성을 지니고 있다. 근세 자연법에서 특별히 인간 개인의 자유와 평등을 주된 내용으로 한 것은, 중세는 교회시대었으며 神中心의 사회이었기 때문에 인간개인의 인격이 인정되지 아니하였으며, 그리고 중세는 신분의 차이가 분명한 봉건사회를 이었기 때문에 이를 극복하기 위한 새로운 가치이었으며 새로운 이데올로기였다. 그리고 근세의 자연법론자들은 중세의 신중심의 사회를 근세의 인간중심의 사회로 전환할 것을 주장하였다. 그리하여 인간 개인의 존재가치를 인정하였던 것이었다. 그리고 중세는 신이 지배하는 사회였으며 인간은 신의 의사의 지배하에 있는 존재로서 인간의 자유가 인정되지 아니하였다. 그러므로 인간의 인격의 자유와 이성이 인정되지 아니하였다. 이러한 중세의 신중심의 신분구속적인 상태를 극복하기 위한 저항사상이 바로 인간의 자유의 인정이었다. 인간은 인격적이고도 이성적 존재이기 때문에 인간의 이성에 의한 인격의 전개를 위해서는 인간에게 자유가 인정되어야만 하였다. 그리고 중세에는 신분에 의한 계층적인 사회였기 때문에 이에 저항하는 사상으로서 인간의 평등이 주장되었다. 근세자연법론에서는 이러한 인간의 자유와 평등은 단순한 주장 내지 이데올로기의 수준을 넘어 天賦人權으로 주장하였다. 이러한 인간의 자유와 평등 사상은 중세를 극복하기 위한 저항사상이면서 동시에 새로운 근대시민사회를 이루어 나가는 새로운 지도사상이기도 하였다.

이러한 인간의 자유와 평등의 사상의 실현은 쉽게 이루어지지 않았다. 근대 자연법론자들의 목숨을 건 주장과 투쟁이 있었으며, 끝내는 혁명을 통하여 비로소 쟁취하게 되었다. 근대시민혁명에 의하여 이러한 인간의 자유와 평등 사상은 인권선언, 권리장전 등의 법문서로 확인이 되고, 근대시민사회의 사상으로 정착하게 되었다.

그리고 인간은 혼자 살아갈 수 있는 존재가 아니라 서로 함께 더불어 살아가야할 사회적 존재이다. 그럼에도 불구하고 근세 자연법론에서는 인간 개인의 자유와 평등을 천부인권으로 주장하였기 때문에 개인의 자유와 평등만을 강조하면 공동체의 형성이 어려운 것이다. 그리하고 근세 자연법론자들은 개인의 자유와 평등을 강조하면서도 동시에 더불어 살아가야할 인간공동체의 덕목으로 서로간의 사랑, 즉, 형제애의 정신을 동시에 강조한 것이다. 형제애는 기독교의 덕목으로 서양사회의 사회윤리이기도 하지만 특히 근세 자연법론에서는 개인의 자유와 평등의 인정과 함께 인간 상호간의 형제애를 주장함으로써 개인의 자유와 동시에 공동체를 형성하여 더불어 함께 살아갈 수 있는 사상을 제공하였던 것이었다.

근세자연법은 인간의 자유, 평등, 그리고 형재애만 주장한 것이 아니다. 주권재민, 권력분립, 재산권의 보장, 저항권 등도 함께 주장하여 새로운 근대시민사회의 기본사상을 전개하였으나 사법, 특히 민법을 통하여 실현하여야할 중심사상으로 인간의 자유와 평등, 그리고 형제애를 주장하였다. 그리하여 인간의 자유와 평등과 박애의 가치와 사상이 근대민법의 기초사상이 된 것이었다.

3. 근대민법전에서의 자유, 평등, 박애의 구체적인 입법

자유, 평등, 박애의 근세자연법 사상에 기초하여 근대민법이 제정되었다. 그러므로 근대민법은 근세 자연법론에 기초하여 제정되었다. 근세 자연법론에 입각하여 제정된 근대 민법전은 1794년의 프로이센 일반주법, 1804년의 프랑스 민법전[89] 및 1811년의 오스트리아 민법전이다.[90] 1896년에 제정된 독일민법전은 근세 자연법 사상을

89) 특히 프랑스민법전의 제정에 있어서는 프랑스의 자연법론자였던 도마(Jean Domat: 1625–1696)와 그 외의 자연법론자들의 영향을 강하게 받았다(Vgl., Thieme, a. a. O., S. 75).

90) 독일에서는 근대 자연법론에 대하여 역사법학이 反旗를 들었지만(Vgl., Christianity and Law, a. a. O., S. 45), 독일에서도 자연법론이 중단되지는 아니하였다. 역사

이어받았지만, 다른 근대 민법전과는 달리 판덱텐 법학에 의한 보통법에 대한 연구과정을 거쳐서 제정되었다.

자연법론에 입각하여 제정된 근대민법전이긴 하지만 시민에 의한 아래부터의 시민혁명을 거친 후에 제정된 프랑스 민법전은 자연법사상인 자유, 평등, 박애를 그대로 실천할 수 있는 내용으로 입법이 되었으나, 아래로부터의 시민혁명의 산물이 아니라 위로부터의 계몽주의의 영향에 의한 자연법사상을 실천하였던 프로이센의 프로이센일반주법과 오스트리아의 합스부르크왕조의 오스트리아민법은 이상적인 자유, 평등, 박애의 사상을 온전히 실천한 근대민법전이 되지 못하고 절대왕정하에서 민중에 대한 가혹한 처우를 완화하는 내용으로 입법이 되었다. 그러므로 근대민법이 자연법에 기초하여 제정은 되었지만 프랑스민법전과 프로이센일반주법 및 오스트리아민법전은 근대자연법 사상인 자유, 평등, 박애사상의 실천의 모습과 강도에 있어서 차이가 있을 수밖에 없었다. 대표적으로 프로이센일반주법은 사람의 계층을 그대로 유지하였으며, 프로이센일반주법과 오스트리아민법전은 토지소유권에 있어서 중세의 신분구속적 소유권이었던 분할소유권을 그대로 유지하였다.

물론 근세의 자연법론에 의하여 주장된 만민평등, 주권재민, 천부인권, 재산권 보장, 권력분립, 저항권은 공법적인 인권보장의 법문서에서 확인되고, 그 법문서가 헌법으로서의 효력을 가졌으며, 새로이 제정된 헌법에서도 확인되었다. 독일기본법 제3조 제1항은 모든 사람을 법앞에 평등하다(Alle Menschen sind vor dem Gesetz gleich)고 규정하여 독일국민뿐만 아니라 다른 나라의 사람도 모두가 법앞에 평등함을 선언하고 있다.[91]

법학은 사비니(Friedrich Carl von Savigny: 1779–1861)에 의하여 시작이 되었다.

91) 이는 아마도 나치시대에 독일민족만을 사람으로 인정하고 타민족, 특히 유태인을 권리능력자로 인정하지 아니하였던 과거시대의 반성에서 규정된 것으로 이해된다.

만민평등의 사상은 공법적으로, 버지니아 권리장전 제1조(1776), 미국독립선언, 프랑스에서의 "인간과 시민의 권리선언"(즉, 프랑스 인권선언) 제1조에 이를 확인하고 있으며, 私法的으로는 프랑스민법 제8조에서 "모든 프랑스 국민은 私權을 향유한다"고 규정하고 있으며, 독일민법전은 보다 더 분명하게 만민평등을 민법에서 확인하고 있다. 즉 독일민법 제1조는 "인간의 권리능력은 출생의 완료로 시작된다"(Die Rechtsfähigkeit des Menschen beginnt mit der Vollendung der Geburt)고 규정하여 모든 인간이 권리능력자임을 인정하여 근세 자연법의 만민평등의 사상을 민법에 실정법적으로 확인하고 있다.[92] 그리고 우리 민법 제3조도 독일민법 제1조를 모범으로 하여 "사람은 생존하는 동안 권리와 의무의 주체가 된다"고 규정하여 인간의 평등을 실정법적으로 확인하고 있다. 이와 같은 인간의 평등은 근세 자연법에서 와서야 비로소 사상적으로 인정되고 실정법적으로 확인되었다.

그리고 근세 자연법은 인간의 생명, 신체, 자유, 안전의 권리를 천부인권으로 인정하고, 이러한 천부인권을 향유하고 행사할 수 있는 인간의 자유, 즉 인격의 자유전개를 인정하고 보장하였다. 공법적으로는 버지니아권리장전 제1조, 미국독립선언, 프랑스인권선언 제2조에서 이를 확인하였으며, 사법적으로는 인간의 행위의 자유를 법률행위의 자유로 인정하였다. 독일민법 제138조 제1항에서는 道義(즉, 선량한 풍속)에 반하는 법률행위는 무효이다(Ein Rechtsgeschäft, das gegen die gutten Sitten verstößt, ist nichtig)라고 규정하여 도의에 반하지 않는 법률행위이면 언제나 허용된다고 함으로써 인간의 법률행위의

92) 독일의 同等待遇法(AGG: Allgemeines Gleichbehandlungsgesetz: 2006)에서는 인간의 성별, 인종, 직업, 종교, 출신배경 등 일체의 원인에 의한 차별대우를 금지하고 있다. 동법률은 인간의 평등을 보다 상세히 규정하여, 개인의 국가에 대한 관계에서는 물론 개인과 개인간의 관계에서도 차별없이 동등하게 대우하도록 하였다. 이 법률은 헌법과 민법에서의 평등규정이 추상적인 규정인데 반하여 보다 상세하게 세분하여 극히 좁은 영역에서도 평등을 실천하려는 법률로 평가된다.

자유를 확인하고 실정법적으로 보장하고 있다. 우리 민법도 제103에서 선량한 풍속 기타 사회질서에 위반한 사항을 내용으로 하는 법률행위는 무효로 한다고 규정하여 선량한 풍속 기타 사회질서에 반하지 않은 한 자유롭게 법률행위를 할 수 있도록 하여 인간의 자유를 사법적으로 보장하고 있다. 이러한 인간의 법률행위의 자유인정은 바로 근세자연법 사상인 인간의 자유를 私法的으로 확인하고 보장하는 것이다.

이와 같이 법률행위의 자유를 확인하고 보장함으로써 인간의 자유를 적극적으로 보장하면서 또 한편으로는 위법행위로 인한 책임에 관하여 과실책임의 원칙을 확인하고 규정함으로써 적법행위로 인하여는 책임을 지지 않음을 확인하여 소극적으로 인간의 자유를 보장하고 있다. 불법행위와 채무불이행으로 인한 책임은 행위자에게 과실이 있을 때에 그 책임을 짐을 원칙으로 하고 있다(§§ 280 Abs 1, 823 BGB, 한국민법 제390조 및 제750조). 이러한 법률행위의 자유, 과실책임의 원칙은 바로 근세 자연법에서의 인간의 자유 보장의 사법에서의 표현이다.

인간에게 자유가 보장되고 인간 스스로가 자기의 인격을 자유롭게 전개하기 위해서는 자기 인격을 실현할 수 있는 재산이 있어야 한다. 그리하여 근세 자연법론에서는 인간에게 사유재산권을 보장하였다. 여기서의 재산권은 소유권이 중심내용을 차지하며 자유로운 사소유권을 의미한다. 이러한 자유사소유권은 중세의 신분구속적인 分割所有權을 극복하고, 절대왕정 시대에 私人의 재산권을 절대군주가 자기 소유물로 관념하고 사용하였던 구시대의 관행에 대항하기 위한 사상이기도 하였다. 그리하여 근세 자연법론자들은 사인의 재산권을 천부인권으로 관념하고, 이를 인권선언의 법문서에서 확인하고 근대 민법에서도 사소유권을 보장하는 입법을 하였다.

록크는 사소유권을 天賦的인 권리로 인정하였다.[93] 그러나 루소는 사소유권의 인정이 인간불평등의 원인이 되었다고 하였다. 그리하여 루소는 사소유권의 인정에 반대의 입장에 있었다.[94]

프랑스인권선언 제17에서는 사소유권을 신성불가침의 권리로 인정하고 사소유권에 대한 침해는 공공의 필요가 있고 사전에 보상을 하여야 하며 최소한의 침해에 그쳐야 한다고 규정하였다. 그리고 버지니아 권리장전과 미국독립선언에서는 사소유권의 보장을 행복을 추구할 권리로 표현하여 이를 천부인권으로 확인하였다. 그 후의 근대 헌법에서도 사소유권을 인간의 기본권으로 보호하도록 규정하였다.

사법적으로도 근대민법에서 사소유권을 보장하는 법규정을 입법하였다. 독일민법에서는 그 제903조 제1문에서 물건의 소유자는 법률 또는 제3자의 권리에 반하지 아니하는 한 소유물을 임의로(nach Belieben)로 처리할 수 있고 모든 간섭을 배제할 수 있다(Der Eigentümer einer Sache kann, soweit nicht das Gesetz oder Rechte Dritter entgegenstehen, mit der Sache nach Belieben verfahren und andere von jeder Einwirkung ausschließen)라고 규정하고 있다. 우리 민법은 제211조에서 소유자는 법률의 범위내에서 그 소유물을 사용, 수익, 처분할 권리가 있다라고 규정하여 사소유권을 보장하고 있다. 그리고 우리 헌법 제23조에 제1항에서는 모든 국민의 재산권은 보장된다. 그 내

93) 이처럼 록크는 자유와 평등을 인간의 가장 중요한 가치로 파악하고 주장하였을 뿐만 아니라, 이러한 자유를 실천할 수 있는 재산적인 기초인 사소유권도 자유와 평등과 同位의 가치로 인정하고 보호하고자 하였다. 그러나 홉스는 인간을 타고난 이기적인 존재로 이해하고 이기적인 자기이익추구의 투쟁상태를 자연상태로 파악하였다. 그리하여 그는 투쟁적인 자연상태의 극복을 위하여 사회계약을 체결하여 군주에게 개인의 권리를 모두 이양하였다고 하였다. 그리하여 홉스는 록크와는 달리 인간의 자유도 넓게 인정하지 아니하였으며, 자유로운 사소유권을 인정치 않았다. 물론 홉스는 록크와는 달리 저항권을 인정하지 아니하였다.

94) 루소의 사소유권에 대한 반대의 입장은 훗날 사회주의에서의 집단적 소유권의 사상적 기초가 되었다.

용과 한계는 법률로 정한다고 규정하여 사유재산권을 기본권으로 보장하고 있다. 이와 같이 사유재산권의 보장은 바로 근세 자연법론에서의 재산권을 천부인권으로 보장하여야 한다는 사상에 그 근거를 두고 있다. 재산권의 보장은 바로 인간의 자유의 실현을 가능케 하기 위한 재산적 기초의 보장인 것이다.

이와 같이 근세자연법론은 근대민법에서의 기초사상인 자유, 평등, 박애이외에 공법적 영역에서도 근대시민사회를 열어가는 새로운 사상들을 주장하고 그러한 새로운 사상들은 공법적 법문서로 확인하였다. 구체적으로 근세 자연법은 주권은 모든 국민에게 있음을 인정하였다. 그것이 바로 主權在民이다. 이러한 주권재민 사상은 절대왕정하에서의 군주주권을 극복하기 위한 저항적인 사상이기도 하였으며, 근세 자연법이 인간중심의 사상이기 때문에 국가권력의 궁극의 淵源은 국민에 있음을 적극적으로 인정한 것이다.

프랑스인권선언 제3조에서는 주권재민을 확인하고 있으며, 미국독립선언에서는 정부의 정당한 권력은 被治者의 동의에서부터 由來한다고 선언하여 주권재민을 확인하고 있다. 버지니아 권리장전 제2조에서는 모든 권력은 인민에게 있다고 선언하여 주권재민을 확인하고 있다. 나아가 근대의 헌법도 예외없이 주권재민을 헌법에서 확인하고 있다. 우리 헌법은 제1조 제2항에서 대한민국의 주권은 국민에게 있고 모든 권력은 국민으로부터 나온다고 규정하여 국민주권을 헌법의 머리에서 규정하고 있다. 이와 같이 주권재민은 근세 자연법에서 주장된 사상이다.

그리고 근세 자연법론은 권력분립을 주장하였다. 이는 권력이 절대군주에게 집중되었던 절대왕정의 폐해의 경험에서 이를 극복하기 위한 사상으로 주장되었다. 권력분립의 주장은 록크가 2권분립을 주장하고 몽테스큐(Charles Montesqieu: 1689–1755)가 3권분립을 주장하여 발전된 근세의 자연법 사상이다. 권력분립은 권력담당기관을 분리하여 상호견제케 함으로써 인간의 자유를 보장하기 위해서 주장된 이론이다.

권력분립에 관하여 프랑스인권선언 제16에서는 권력분립이 확정되어 있지 아니한 사회는 헌법을 갖고 있지 아니하다고 선언함으로써 권력을 분립할 것을 확인하고 있다. 버지니아 권리장전 제5조에서도 역시 권력분립을 선언하고 있다. 이러한 권력분립은 헌법에서 그것을 명시적으로 규정하든 하지 않든 당연한 정부구성의 원리로 되었다. 이처럼 권력분립의 사상은 바로 근세 자연법론이 후세에 전해준 불멸의 국가(정부)조직의 원리가 되었다.

그리고 근세 자연법 사상은 저항권(Widerstandrecht)을 천부인권으로 인정하였다. 권력담당자의 불법적인 권력행사에 대해서는 시민은 저항권으로 불법적 권력행사자를 제거할 수 있는 사상적 근거를 제공하였다. 이 저항권은 사회계약론과 결합되어 인정되었으며, 근세 자연법론이 급진적이고 혁명적인 성격을 갖게 하였다. 이 저항권의 천부인권으로의 인정에 의하여 절대군주를 제거할 수 있는 시민혁명을 일어나게 한 사상적 원동력이 되었다.

저항권에 관하여 프랑스 인권선언 제2조에서는 저항권을 천부인권으로 확인하고 있으며, 버지니아권리장전 제3조에서는 저항권을 정부를 개량하고 변혁하고 제거할 수 있는 권리로 규정하고 있다. 미국독립선언에서는 저항권을 새로운 정부를 조직할 권리로 표현하고 있다.

독일기본법 제20조 제4항에서는 헌법적 질서를 제거하고자 시도하는 자에 대해서 이를 방지할 다른 구제수단에 없을 때에 모든 독일 국민은 저항권을 갖는다고 규정하고, 독일기본법 제79조 제3항에서는 저항권 인정의 헌법규정은 헌법개정의 대상이 될 수 없다고 규정하여 저항권을 천부인권으로 확인하고 보장하고 있다. 우리 헌법에는 저항권 인정의 직접적인 규정을 두고 있지는 아니하지만 우리 헌법 제37조 제1항에서 국민의 자유와 권리는 헌법에 열거되지 아니한 이유로 경시되지 아니한다고 규정하고 있으므로, 우리 헌법이 저항권을 명시적으로 규정하고 있지는 아니하지만 우리 헌법이 저항권을 부인하고 있지는 않다고 해석된다.

이와 같이 오늘날 채용되어 운용되고 있는 민주적인 법제도는 인간중심의 근세 자연법사상이 이루어 놓은 결과물이다. 그러므로 오늘날은 근세 자연법사상을 구체적인 제도로 실천해 가고 있는 과정에 있으며 근대 자연법론을 대체할 만한 새로운 법사상은 아직도 형성되지 못한 상태이다. 근세 자연법론이 인간을 중심으로 하여 형성된 사회사상이자 법사상이므로 인간존중의 시대가 계속되는 한 근세 자연법사상은 계속 발전적으로 실천되어 갈 것이다.95)

95) 앞으로는 인간이성의 불완전의 인정, 神의 말씀에의 관심, 지구상의 모든 생물 및 무생물과의 공생과 공존, 인간의 이기심의 극복을 위한 새로운 사회사상 및 법사상이 출현될 수 있기를 기대해 본다. 근세 자연법 사상에서의 인간중심의 사상은 인간의 본성이 선하다는 믿음에서 출발하여 시민사회를 이루었으나, 인간의 본성이 선함만이 아니라 악함도 함께 있다는 사실을 간과한 나머지 오늘날은 인간의 악성이 너무 자라 사회문제를 낳고 있다고 진단된다. 그리고 과학문명의 발달로 인간이 이 세상의 창조자로서 이 세상의 주인으로 생각한 나머지 환경파괴, 氣候異常, 도덕심의 해이, 양극화, 신을 잊어버림 등의 理想的이지 못한 사회현상이 발생하고 있다. 이러한 사회적 모순을 극복할 수 있는 새로운 사상의 출현이 기대된다.

제 3 장

근대민법의 기본원리

제 3 장 근대민법의 기본원리

제 1 절 근대민법의 기본원리를 이룬 사상: 자유주의와 개인주의

1. 근대의 시대상

근대는 중세의 신분구속적인 사회를 극복하고 유산자계층이 사회의 중심세력이 된 인간의 자유와 평등이 인정되고 보장된 시민사회이었다. 중세는 사람들이 계층을 이루어 가장 많은 사람들이 차지한 농노들은 主君으로부터 수여된 토지로부터 떠날 수 없는 구속적인 인간존재들이었다. 농노들은 완전한 사람으로 인정되지 못하고 토지가 주물이고 그들은 일종의 종물인 상태로 주군을 위하여 충성을 다하여야 하고 각종의 부역과 경작의무를 진 사람들이었다.

또한 중세는 인간중심의 사회가 아니라 신중심의 사회였다. 인간은 신의 뜻에 따라서 구속적인 삶을 신의 뜻으로 받아드리고 삶을 이어간 사회였다. 그러므로 새로운 사상이 배태될 수 없었고 오로지 기독교 사상만이 지배하는 사회였다. 다른 새로운 사상의 주장은 이단으로 몰리는 사회였기 때문에 중세는 정체된 사회일 수밖에 없었다. 그 중에서 기독교는 부패하기 까지 하였다. 중세말에는 기독교의 부패를 시정하기 위한 종교개혁의 운동이 일어나지 아니할 수 없었다.

그리고 중세는 농업중심의 자급자족의 경제·사회였다. 장원을 중심으로 자급자족하는 경제생활을 하였다. 물론 상업이 전혀 일어나지 아니한 것은 아니었지만 농업이 주된 경제였으며, 상업은 자유도시를 중심으로 일어났으며, 상인과 수공업자들은 그들만의 조합(Guild, Zunft)을 만들어 독점적으로 경제활동을 하였다.

이러한 특징의 중세사회를 극복하여 신중심에서 인간중심의 사회로 바뀌고, 모든 사람이 인간으로서의 인격과 이성이 인정되고 이성에 의하여 자유롭게 활동할 수 있는 구속이 없는 사회가 바로 근세로서, 모든 사람이 유산자인 시민으로 인정된 시민사회였다. 이러한 근세시민사회에서의 시민은 무산자가 중심인 사회가 아니라 유산자가 중심세력을 이룬 사회였다. 유산자인 시민들은 중세의 정체된 사회에서도 상업을 하거나 공업을 영위하여 부를 축적한 소상공인, 의사, 변호사와 같은 재산을 가진 사람들이었다. 이러한 유산자 계층은 중세사회가 몰락의 길에 들어 섬에 따라서 그 수가 증대하게 되었으며, 이러한 유산자들의 인격과 재산을 보호할 수 있는 자유로운 사회로의 발전을 동경하고 추진하게 되었다.

또 한편으로 중세의 신중심의 사회에서 인간중심의 사회로 이끈 사상가들이 중세의 신분구속적 사회에 저항하고 새로운 근대시민사회를 이끌어갈 새로운 사상과 이념을 제시하였다. 또한 중세가 근대시민사회로 성숙하기 전에 형성된 절대왕정에 의한 억압적 정치체제도 극복해야할 대상이었다. 신중심에서 인간중심으로, 근세초의 절대왕정을 무너뜨릴 사상은 근세 자연법론자들에 의하여 주장되었다. 근대 자연법론자들이 주장한 사상은 바로 인간은 시민으로서 인격과 이성을 가진 자유로운 존재로서 그들이 이성에 의하여 인격을 자유롭게 전개할 수 있는 사상을 주장하였다. 그 사상들이 바로 자유주의와 개인주의였다.

자유주의는 근대시민이 인격적이고 이성적 존재이므로 중세에서와는 달리 신분에 따른 구속에서 완전히 자유로운 존재이며, 시민에게 자유로운 활동을 보장하여야 한다는 사상이었으며, 개인주의는 자연인인 개인의 존재가 단체 내지 집단보다는 우선되어야 한다는 사상으로서 중세의 장원에서는 단체인 장원이 중요하고 장원을 구성한 농노들은 장원의 구성원으로서의 가치만이 인정되었으나, 근세의 시민들은 자연인으로서의 시민 그 자체가 가장 중요한 가치를 갖는 존재임을 인정하는 개인주의가 주장되었다. 이 개인주의도 중세의 단체 내지 집단중심의 사회에 저항하고 새로운 시민사회를 열어 가는 사상이었다.[1)]

이와 같이 중세의 신분구속적인 사회를 극복하고 유산자 시민들이 자유롭게 활동할 수 있는 시민사회의 출현을 위한 사상은 성숙하였으나 구체제의 기득권 세력을 완전히 제거하고 중세와는 전혀 다른 근세를 열기 위해서는 시민혁명이라는 사회적 대사건의 발생에 의해서 비로소 가능할 수 있었다. 시민혁명이 일어나지 못한 나라에서는 이러한 자유로운 사회로의 발전에 기여한 계몽주의 사상의 영향을 받은 절대군주들의 자발적인 개혁에 의하여 근대시민사회로 발전하게 되었다.

그리고 근대시민사회를 지배한 사상은 자유주의와 개인주의였다. 근대민법도 이러한 근세의 중심사상이었던 자유주의와 개인주의에 기초를 두고 제정되었다. 그러나 이러한 자유주의적이고 개인주의적인 근대민법의 제정을 위한 법의 소재는 로마에서 생성·발전되어 유럽대륙에 계수된 로마법이었다. 그 결과로 로마법을 소재로 하여 근대사상인 자유주의와 개인주의 사상을 실천할 수 있는 내용으로 근대민법이 제정되었다.

근세사회의 또 하나의 기초사상이었던 형제애의 근대민법에의 법

1) 어느 사상이든 새로이 주장되는 사상은 그 당시의 모순시대를 극복하기 위하여 저항하고 새로운 시대를 이끌어 가는 지도사상으로의 성격을 갖고 있다.

규정은 개인의 인격과 이성을 존중하고 개인의 자유로운 활동을 보장하고 보호하면 전체 사회는 보이지 않는 손에 의하여 조화롭게 발전할 것이라는 믿음으로, 형제애를 실천할 수 있는 특별한 법규정은 상린관계, 사무관리, 부동산임차권의 제3자에 대한 대항력의 인정 등의 약간의 규정만을 입법하고 그렇게 많이 그리고 자세히 규정하지는 않았다. 근대민법은 유산자를 중심으로 그들의 자유인격과 자유로운 경제활동을 보장하고, 그들의 자유로운 경제활동으로 취득한 재산을 보장하고 보호하는 법규정이 주된 내용으로 구성되었다.

2. 자유주의

자유주의(Liberalismus)는 인간의 인격과 이성을 존중하고 이성에 의하여 자유롭게 활동하고 자기의 인격을 자유롭게 전개할 수 있는 자유(Freiheit; freedom)의 가치를 존중하는 이데올로기로서, 이러한 자유주의는 서구의 계몽주의[2] 시대(17-18세기)에 그 사상적 기원을 두고 있다.[3]

자유주의의 관념 내지 이데올로기는 계몽주의 시대에 배태되고 주장되었지만, 자유의 관념과 容認은 이미 그 이전에 오랜 역사를 갖고 발전되어 왔다. 자유의 개념은 외부로부터의 제한을 받지 아니한다는 의미로 역사에서 처음으로 사용되었으며, 그 첫 사례는 고대의 채무노예의 해방 상태를 자유의 상태로 인식되었

2) 계몽주의는 종교개혁의 영향으로 성장하였으며, 인간의 이성을 처음으로 발견한 사상이다(David Schmidtz and Jason Brennan, A Brief History of Liberty(UK, West Sussex, Wiley-Blackwell, 2010), p. 99.

3) 영국에서는 계몽주의적 쾌락주의에 기초를 두고 개개인의 이익의 총합의 증대가 사회복리의 최적조건으로 이해한 공리주의가 자유주의 사고 내지 사상의 등장에 공헌을 하였으며(Vgl., 김동일 편역, 사회사상사(文音社, 1994), 80, 82면), 공리주의의 핵심내용인 최대다수의 최대행복이란 표현은 스코틀랜드의 청교도 철학자였던 허치슨(Francis Hutcheson: 1694-1746)이 처음으로 사용하였다(Vgl., 상게서, 79면).

다.[4][5] 그리고 인간의 역사는 자유신장의 역사라고 할 수 있다.[6]

자유에는 소극적 자유(negative freedom)와 적극적 자유(positive freedom)가 있다. 法史學的으로 자유는 소극적 자유로부터 출발하여 적극적 자유로 그 내용이 확장되어 왔다. 소극적 자유는 외부의 간섭 내지 통제로부터 제한을 받지 아니하는 자유이다. 이러한 소극적 자유는 토마스 홉스가 이를 학문적으로 주장하였다. 홉스는 자유란 외부로부터의 방해 내지 장애가 없는 상태를 자유라고 하였다.[7] 반대로 적극적 자유는 자기가 원하는 것을 스스로 할 수 있는 상태 내지 조건을 자유라고 하였다. 이러한 적극적인 자유의 관념에 대해서는 이미 그리스의 플라톤이 반대를 하였다.[8] 왜냐하면 플라톤은 인간에게 적극적인 자유를 인정하면 동시에 인간이 욕망의 노예가 되지 아니할까 염려하였기 때문이었다.[9] 룻소도 칸트도 역시 소극적 자유를 지지하여, 자유란 사람들이 스스로 규정한 법에 복종하는 것을 자유라고 하였다.[10] 특히 칸트는 인간 개인의 인격자유를 극도로 존중하고, 그 중에서도 개인의사의 자유를 존중하였다. 이와 같이 칸트는 자유주의자였으며, 그의 자유주의에서는 개인의 자유, 개인의 두덕적 자율성 그리고 목적으로서의 인간을 강조하였다.[11] 이러한 칸트의 개인인격의 자유의 사상과 개인의사의 자유사상, 특히 개인

4) Schmidtz and Brennan,op. cit., p. 37. 아테네의 솔론(Solon: BC 638년경－BC 558년경)법에서는 자유인을 채무노예로 하지 못하도록 하였으며, 이러한 계층을 오늘날 자유인이라 이름하여 계층을 분류하고 있으나, 그러한 사람들이 당시에 누리던 상태를 자유라고 인식한 것은 아니었다(Vgl., Ibid., p. 43).

5) 자유의 의미로 수메르(Sumer: 메소포타미아에서 일어난 문명으로 BC 3000경에 가장 발달)에서는 amagi라는 용어가 사용되었으며, amagi의 뜻은 어머니에게 돌려준다는 뜻이라고 한다(Vgl., Ibid., p. 37).

6) Ibid., p. 46.

7) Ibid., p. 6.

8) Ibid., p. 10.

9) Ibid., p. 11.

10) Ibid., p. 11.

11) 김동일 편역, 사회사상사(文音社, 1994), 39면.

의 의사결정의 자유사상은 독일민법 제정의 기초가 된 판덱텐법학에 크게 영향을 주었다.12)

자유도 인격에 관한 자유부터 인정되고 사회적인 자유는 그 후에 인정되었다. 채무노예의 해방으로 시작된 자유의 관념이 그 다음에는 기독교가 로마의 박해로부터 공인됨으로 신앙의 자유로 확대되었다. 비록 기독교 신앙의 자유가 인정되었다 하더라도 교회는 로마황제의 지배와 보호아래 있었기 때문에 오늘날과 같은 완전한 모습의 신앙의 자유와는 거리가 있었다. 그리고 중세에는 영주의 신앙에 농노들이 따르게 되었기 때문에 기독교가 지배하는 중세사회였지만 종교의 자유가 보장된 사회라고는 할 수 없었다. 어떻든 외부의 로마제국으로부터 박해를 받던 기독교가 공인되어 기독교를 믿게 되었기 때문에 신앙의 자유가 인정되어 자유의 영역이 넓어지게 되었

12) 칸트는 자연법론자로서 자연법은 자연상태에서 뿐만 아니라 시민상태(즉, 사회상태)에서도 존재함을 인정하고(Vgl., Gerhard Buchda, Das Privatrecht Immanuel Kants (Jena, Fromannsche Buchdruckerei(Hermann Pohle), 1929), S. 9), 자연상태에서는 배분적 정의를 필요로 하지 아니하는 사회로, 시민상태는 배분적 정의를 필요로 하는 사회로 파악하였다(Vgl., Buchda, a. a. O., S. 9). 또한 칸트에게 있어서 자연상태는 평화의 상태가 아니라 전쟁상태였다(Vgl., a. a. O., S. 12). 그리고 그는 법은 자유를 전제로 하여 성립한다고 하였다(Vgl., a. a. O., S. 11). 또한 칸트는 신은 인간에게 이성을 주어 그 이성으로 인간이 스스로를 만들어 인간 서로가 적대적인 관계를 중단하고 비사교적인 인간이 사교적으로 되도록 하여야 한다고 하였다(Vgl., a. a. O., 11). 그리고 칸트는 각자에게 그의 것을 나누어 주는 의무를 민법을 관통하는 기본이라고 하였다(Vgl., a. a. O., S. 13). 이와 같이 칸트가 각자에게 그의 것을 주는 의무를 민법의 기본으로 삼은 것은 자연상태는 폭력이 행하여진 상태이기 때문에 자연상태를 종식하고 질서를 세우기 위하여 이러한 의무를 민법의 원칙으로 세운 것이었다(Vgl., a. a. O., S. 14). 또한 칸트는 역사는 불평등 때문에 발전하고 그 불평등을 시정하기 위하여 정의가 등장하게 된다고 하였다(Vgl., a. a. O., S. 47). 특히 중요한 민법제도의 하나에 관하여 칸트는 매매는 임대차를 깨뜨린다(Kauf bricht Miete)는 원칙 취하였으며, 임대인이 임대목적물을 제3자에게 양도하게 되면, 임차인은 임대인인 소유자에 대하여 손해배상을 청구할 수 있을 뿐이라고 하였다(Vgl., a. a. O., S. 78). 이는 아마도 칸트가 개인의 자유, 특히 개인의 의사결정의 자유를 극히 강조한 결과로 이해된다. 그리고 계약의 효력강화의 방법으로 활용되었던 선서(Eid)에 대하여 그는 선서는 부도덕한 것이며, 인간의 자유에 반하기 때문에 선서에 대하여 반대의 입장을 취하였다(Vgl., a. a. O., SS. 93–95).

다.[13] 그리고 근대에는 그로티우스(1583－1645)가 인간의 자유의 문제를 학문적으로 다루었으며,[14] 인간의 자유를 재산으로 파악하고 인간의 자유는 不可讓의 재산(inalinable property)이라고 주장하여[15] 인간의 자유의 중요성을 강조하고 강하게 보호받을 수 있는 사상적 기초를 제공하였다. 그리고 계몽주의 시대에 와서는 신앙의 자유 관념이 일반적으로 성장하고, 계몽주의의 대표적인 학자인 볼테르(Fançois－Marie Arouet, 필명: Voltaire: 1694－1778)는 종교의 자유의 영역을 더 확대하여 인간의 양심의 자유(freedom of conscience)를 주장하였다.[16] 또한 록크는 신앙의 자유와 양심의 자유를 아울러 주장하고, 룻소도 신앙의 자유를 인정하였다.[17]

종교의 자유가 인정된 후에 비로소 상업의 자유가 인정되었다. 물론 인간은 물질생활을 기본으로 하기 때문에 상업이 고대부터 일어났지만 상업의 자유가 인정된 것은 아니었다. 역사적으로 문화의 허브(hub)는 상업의 허브였다.[18] 고대 아테네가 그러하였고, 르네쌍스가 시작된 이태리의 베네치아, 플로렌스가 그러하였다. 중세에는 교회가 사회를 지배하고 장원의 자급자족경제의 사회로서 거래의 자유가 인정되지 아니하였다. 중농주의자였던 투르고가 비로소 농업생산물의 거래의 자유와 농산물 가격의 자유화를 주장하였다.[19] 그는 농산물 거래의 자유와 농산물가격의 자유화를 하지 아니하면 빈곤을 면치 못하다고 주장하였다.[20] 그리고 그는 더 나아가 농민에게

13) 계몽주의의 기초를 제공한 스피노자(Baruch Spinoza: 1632－1677)도 신앙의 자유를 인정하였으며, 영국의 퓨리탄(Puritan)들은 신앙의 자유를 지키기 위하여 신대륙으로 移住를 하게 되었다(Vgl., Ibid., p. 110).
14) Thieme, a. a. O., S. 22.
15) Schmidtz and Brennan, op.cit., p. 107.
16) Ibid., p. 172.
17) Christianity and Law, op. cit., pp. 259－261.
18) Schmidtz and Brennan, op.cit., p. 121.
19) Ibid., p. 129.
20) Ibid., p. 129.

자유를 허용할 것을 주장하였다.[21][22] 더욱더 그로티우스, 죤 록크, 흄, 아담 스미스에 의하여 사유재산의 정당성이 주장되고 사유재산을 인정하면 생산이 증대되고 모든 사람들이 풍요로운 삶을 살 수 있게 된다는 주장을 하였다. 특히 아담 스미스는 자유거래(free trade)를 주장하고 옹호하였다. 그러나 그는 중상주의적인 상거래에 대해서는 반대하였다.[23] 그리하여 아담 스미스는 중상주의에 의한 상거래를 상업의 자유의 거래가 아니었다고 하였다.

그러나 근세의 자유주의는 중상주의와 산업화를 거치면서 유산자들에게는 자유주의가 당시의 지도적인 이데올로기로 발전되어 갔다. 그 후 아담 스미스에 의한 분업의 주장은 자유주의가 경제에 있어서의 신조로 되었다.[24] 아담 스미스는, 시장은 개인의 이기적이고 자기 중심적인 경제활동을 전체사회의 복지와 상호모순없는 보완적 행위로 연결시켜주는 보이지 않는 손(invisible hand)으로 작용한다고 하고, 따라서 개인의 이기적인 이익추구는 필연적으로 사회에 가장 이익이 된다고 하였다.[25] 이와 같은 근대 초기자본주의하에서 경제활동에 있어서의 자유주의는 더욱 발전하여 자유방임주의(laissez-faire)로 발전하게 되었다. 이와 같은 자유주의는 근대 자본주의 경제와 상호보완관계를 이루면서 병행적으로 발전하였다.

영국의 공리주의자 벤덤(Jeremy Bentham: 1748-1832)도 자유주의를 옹호하였다. 그는 자연은 인간에게 고통과 즐거움이라는 두 가지 주인의 지배아래 두었으며, 인간의 행동은 쾌락을 추구하고 고통을 회피하고자 하는 욕망에 의해 이루어지며, 어떠한 행동을 취할 것인가

21) Ibid., p. 130.
22) 투르고는 이미 미국의 독립혁명과 프랑스에서의 유혈혁명을 예고하였다고 한다 (Vgl., Ibid., p. 130).
23) Ibid., p. 137.
24) 정연주 역, E. K. Hunt 저, 자본주의의 전개와 이데올로기(비봉출판사, 1990), 55, 59면.
25) 정연주 역, E. K. Hunt 저, 전게서, 60-61면.

는 개인의 합리적인 판단에 맡겨져 있다고 하여, 개인주의와 함께 자유주의를 옹호하였다.[26]

이와 같이 근세 자연법 사상가들에 의하여 인간의 자유와 사유재산권[27]이 천부인권으로 주장되고, 특히 아담 스미스에 의하여 상거래의 자유가 주장되고, 1776년에 그의 저서 국부론이 출판되고, 동년에 버지니아 권리장전과 미국독립선언[28]에서 바로 상거래의 자유가 인정되게 되었으며, 유럽대륙에서는 1789년에 와서야 프랑스 인권선언에서 사유재산권과 거래의 자유가 법문서로 인정되게 되었다.

민법의 기본사상인 자유주의는 근대자연법자들에 의하여 인간의 자유로 주장되고, 근대시민혁명에서 발표된 권리장전, 독립선언, 인권선언에서 천부인권으로서 법적으로 인정되고 보장되었으며, 그러한 인간의 자유에는 경제활동의 자유가 포함되고, 자유로운 경제활동으로 취득한 사유재산도 역시 천부인권으로 보호받게 되었으며, 이러한 역사적 과정을 거쳐 확인된 자유주의에 기초하여 근대민법전이 제정되었다. 그리하여 자유주의는 근대민법의 기본사상이 되었다.[29]

3. 개인주의

개인주의(個人主義, Individualism)는 개인의 존엄, 가치, 권리 등을

26) 상게서, 55, 57면.
27) 이미 고대 로마의 Cicero도 사유재산을 주장하고, 국가의 임무는 사유재산의 보호에 있다고 하였다(Vgl., Ibid. p. 51).
28) 미국독립선언을 작성한 제퍼슨은 아담 스미스의 자유 상거래 사상을 이어받았다고 한다(Vgl., Ibid., p. 145).
29) 언론, 출판, 집회 등의 사회적 활동의 자유는 경제적인 자유가 인정된 후에 비로소 인정되었으며, 이러한 사회적인 자유는 종교의 자유에서 성장한 자유들이며, 소극적 자유에서 적극적인 자유로 자유의 성격이 변화하게 되었다(Vgl., Ibid., pp. 171－172).

중시하는 사상으로 국가나 집단보다 개인을 우선시한다. 이와 같은 개인주의는 르네상스 이후 문명의 발전과 더불어 사회사상의 주요한 흐름이 되었다. 개인주의의 등장으로 인간의 존엄과 인격의 가치가 명백하게 되었다. 개인주의에서는 개인을 자연인(Naturalperson)이라 한다. 그러나 개인보다는 단체 내지 집단을 중시하는 사회주의, 전체주의 사상에서는 개인을 단체의 구성원으로서의 존재가치만을 인정하여 개인을 公民 또는 人民이라고 한다. 또 한편으로 개인주의를 논리적으로, 그리고 극단적으로 발전시키면 무정부주의(Anarchismus)에 이르게 된다.[30]

이러한 개인주의 사상에서는 자연적인 존재인 인간의 가치는 인간은 인격적이고 이성적인 존재로서 이성에 의하여 스스로의 판단으로 자신을 적극적으로 치리해 나감을 인정한다. 그러나 개인을 단체의 구성원으로의 존재가치만을 인정한 사회주의, 전체주의하에서는 개인은 스스로 자신을 적극적으로 치리할 수 없고 공동체의 결정을 따르는 수동적인 존재일 뿐이라고 한다.

역사적으로도 인간이 독립된 인격적 존재로 인정된 것은 계몽사상에서 주장되고 근대자연법론자들의 주장에 의해서 공법적인 문서로 확인되었으며, 근대민법의 기본사상으로 되었다. 개인주의를 인정한 근대시민사회 이전의 중세의 봉건사회에서는 개인이 권리주체로서의 인격이 완전히 인정되지 못하였다. 장원의 구성원으로서 그리고 교회의 구성원으로서의 자격이 인정되었을 뿐이었다. 중세 이전의 고대사회에서는 씨족, 부족등의 사람의 단체가 권리의 주체였으며, 그 구성원인 개인은 권리능력이 인정되지 아니하거나 극히 제한되었다. 근세 초의 절대왕정시대에도 개인은 독립적인 인격적 존재로서가 아니라 절대전제군주의 소유물에 불과하였다. 자연인인 사람을 독립적인 인격체로 인정하는 개인주의는 근대에 와서야 비로

30) Hölscher, a. a. O., S. 32.

소 인정되게 되었다. 이러한 개인주의 사상을 근대시민사회의 기본 사상으로 정립하게 한 세력도 역시 근대 유산자계층이었다. 특히 근대의 개인주의는 중세 교회와 장원영주의 농노에 대한 가부장적인 지배에 대한 저항사상에서 출발하였으며, 아담 스미스의 국부론(1776)이 개인주의 철학을 부여하는 결정적인 계기가 되었다.[31][32]

그리고 근대의 개인주의는 개인의 이기심에 의한 이윤추구를 정당화한 이데올로기로서, 청교도들은 금욕주의와 절제의 미덕을 중요시하였지만 하나님이 시장과 교환의 제도를 만들었다고 주장하여 개인의 상업활동에 의한 이윤추구의 정당성을 인정하였다.[33] 가톨릭 교회에서는 이기적인 이윤추구행위를 비난하였지만, 근세에 중상주의 시대를 지나면서 인간의 탐욕, 이윤추구를 도덕적으로 정당화할 수 있는 이데올로기를 필요로 하였으며, 더욱더 이윤추구는 재산권보호와 개인간의 비인격인 계약이행에 바탕을 둔 사회에서만 효과적일 수 있다는 사회적인 인식이 가톨릭 교회의 반이윤추구사상을 압도하고 있었다.[34] 더 나아가 도덕적으로 가장 멸시를 받았던 악이 공공의 최대의 선을 가져온다는 주장이 제기되기도 하였다.[35] 이와 같이 근대의 개인주의는 근대의 초기자본주의를 이루었던 중상주의에서 개인의 이기심을 자극하고 촉진함으로써 자본주의 발전에 기여하는 사상으로 발전되어 왔다.[36]

31) 정연주 역, E. K. Hunt 저, 자본주의의 전개와 이데올로기(비봉출판사, 1990), 42면.
32) 헤겔은 개인주의를 반대하고 입헌군주제를 선호하였다. 헤겔은 개인은 자연인으로서가 아니라 오로지 시민의 자격에 의해서만 완전히 자유롭게 되며 권리를 향유하게 된다고 하였다(Vgl., 김동일 편역, 전게서, 104면).
33) 정연주, 역, E. K. Hunt 저, 전게서, 46면.
34) 상게서, 49면.
35) 1714년 네델란드인으로서 영국에 살았던 정치경제학자 버나드 맨드빌(Bernard Mandeville: 1670－1733)은 그의 저서 꿀벌들의 우화(The Fable of the Bees)에서 사적인 악이 공적인 이익를 가져온다(Private vices bring about public benefits)고 주장하여 개인주의를 찬양하였다(Vgl., 상게서, 48면)
36) 상게서, 42면.

물론 고대사회에도 개인주의 사상의 초기모습이 보이기도 하였다. BC 460년 아테네의 정치지배자 페리클레스 시절(BC 495년경－BC 429년)에 그가 아테네의 고대 민주주의를 신장시키고 그 때에 소위 아테네식의 개인주의(Athenian individualism)가 인정되기도 하였다.[37] 그리하여 펠리클레스 집정시절에 아테네에 자유주의, 개인주의가 태동하게 되었다.[38] 그러나 근대민법의 기본사상으로서의 개인주의는 자유주의와 함께 주장되었다. 그리고 기독교의 개신교에서도 개인주의의 신학이론을 제공하였다.[39] 그리하여 근대시민사회에서는 자유주의와 개인주의가 동일한 사상으로 이해되었다. 개인의 인격과 이성을 존중하고 보호하는 개인주의는 근대민법의 제정과 시행으로 인한 노동자의 자본가에 대한 예속으로부터 해방되기 위한 노력이 경주되고 20세기 중반에 세계적으로 인권보장에 관심을 갖기 시작한 때로 강하게 浮上하게 되었다.[40]

제 2 절 근대민법의 기본법리

1. 재산권 절대의 원칙

유산자들인 근대시민이 인격자이고 이성을 가진 존재로 인정되었

37) Schmidtz and Brennan, op.cit., pp. 46－47.

38) Ibid., p. 47.

39) Christianity and Law, op. cit., p. 26; 정연주 역, E. K. Hunt 저, 전게서, 44면.

40) Schmidtz and Brennan, op.cit., 167. 그리하여 오늘날은 인권과 기본권의 보호를 사법에서도 실현하도록 함으로써 민법을 포함한 사법이 독자적으로 존재하지 못하고 민법이 인권과 기본권을 보호하는 상위의 법과의 구별성을 잃어가고 있다고도 한다(See, Hans－W. Micklitz, "Introduction", in: Constitutionalization of European Private Law(ed. by Hans－W. Micklitz, Oxford University Press, 2014), p. 5). 그리하여 사법이 점차 규제적인 성질을 띠어가고 있다고 한다.

기 때문에 시민이 그들의 이성에 의하여 인격을 자유롭게 전개할 수 있기 위하여는 활동, 그 중에서도 경제활동의 자유가 인정되어야 하고, 인격의 자유전개가 가능하기 위해서는 그것을 가능케 하는 재산적 기초가 확보되어야 하기 때문에, 근대민법에서는 사유재산제를 보장하고 사유재산의 절대적 보장을 원칙으로 하였다. 이를 재산권절대의 원칙이라 하고, 재산권 중에서는 소유권이 가장 중요한 권리이기 때문에 이를 사소유권절대의 원칙이라고도 한다.

재산권절대의 원칙은 인간의 생산물이 아닌 자연이 인간 모두에게 은혜로 준 토지에 대해서 토지는 생산수단이지만 단순한 하나의 상품으로 파악하여 생산수단에 대해서도 사소유권을 인정하고 절대적으로 보호하는 입법을 하였다. 물론 근대의 자연법론자들의 대부분은 사소유권을 천부인권으로 강하게 보호하는 사상을 피력하였지만, 룻소는 사소유권의 인정이 인간불평등의 원인이 되므로 사소유권에 반대의 입장을 주장하였다.[41)]

사유재산권의 천부인권으로의 보호는 프랑스 인권선언에서 이를 법문서로 확인하고(동 제2조 및 제17조), 프랑스민법에도 그 제544조에서 소유권은 법령에서 의하여 금지하지 않는 한 절대적으로 사용, 수익, 처분할 수 있다고 규정하였다. 그리고 버지니아 권리장전 제1조, 미국독립선언에서도 사유재산권을 행복을 추구하는 권리로서 천부인권으로 선언하였다.

이와 같이 근대의 인권선언에서 사유재산권, 사소유권을 천부인권을 규정하고 민법에서 그 절대의 원칙을 인정한 것은 근대시민사회를 이룩한 지도세력이 유산자계층이었기 때문이었다. 다시 말하면 근대시민사회에서는 사회의 중심세력인 유산자의 인격과 이익의 보호가 주된 과제이자 주된 관심사였기 때문에 그들의 재산보호를 위

41) 룻소는 사소유권의 인정과 문명의 발전이 모두 인간불평등의 원인이 되므로 자연으로 돌아갈 것을 주장하였다.

하여 재산권절대의 원칙을 선언하고 규정하게 된 것이었다.

역사적으로 살펴볼 때에도 절대적 소유권 사상은 프랑스 혁명이전부터 생성되었지만, 법적으로 절대적 소유권을 선언한 것은 1789년의 프랑스 인권선언에서와 1795년의 프랑스 헌법에서이다.[42]

프랑스인권선언에서와 프랑스 헌법 및 그 후의 프랑스민법에서 법률로 규정된 소유권은 자본주의적 자유사소유권이었다. 이와 같이 프랑스에서 자유 그리고 절대적 소유권을 입법하게 된 것은 당시에 인간의 존재에 관하여 인간을 인격적 존재로 파악하고 인간의 인격을 자유롭게 전개하기 위해서는 재산권 그 중에서도 소유권의 절대적 보장이 필요하다는 인식에 기초하였다. 그리고 인간은 인격적 존재이기 때문에 인간의 본성은 善하고 따라서 소유권도 절대적 소유권으로 보호하면 사회는 인간의 선한 인격의 행사에 의하여 개인은 인격의 자유로운 전개가 이루어지고, 사회의 부는 증대할 것이라고 믿었던 것이었다. 이러한 인격존중의 사상적 기초위에서 자유롭고 절대적인 사소유권을 인정하여 그것을 근대민법의 기본원리로 삼았던 것이었다.[43] 이처럼 근대민법의 기본원리를 인간은 인격적 존재이고 인간의 본성은 선하며, 인간은 그의 인격을 선하게만 전개할 것이라는 믿음에 기초하여 소유권의 절대성 및 계약자유를 인정하게 된 것이었다. 이러한 주장이 가능할 수 있었던 것은 이 시기에 이르러서야 비로소 인간이 인격적인 존재라는 것을 발견하고 이를 인정하였으며, 그 인격의 자유로운 전개는 항상 긍정적인 결과만을 위하여 이루어질 것으로 믿었기 때문이었다.

좀 더 근대민법원리로서의 재산권, 그 중에서도 특히 소유권 절대

---

42) Gerhard Lingelbach, “Bürgerliche Eigentumsauffassungen in den Schriften deutschen Rechtswissenschaftler zur französischen Gesetzgebung zu Beginn des 19. Jahrhunderts”, Eigentum: Festschrift für Werner Sellnow zum 70. Geburtstag (hsrg. von Jens Köhn und Burkhard Rode, Weimar, Hermann Böhlaus Nachfolger, 1987), S. 250.

43) A. a. O., S. 252.

의 원칙은, 근대 자연법론자들이 중세의 신분구속적인 부담부소유권을 극복하기 위한 저항적 이데올리기로서 주장된 소유권 보호사상에 입각하여 근대민법에서 기본원리로 받아들여지게 된 것이었다. 그리하여 근대자연법론자들의 소유권은 법에 앞서 선재적으로(vorrechtlich) 존재하는 소유권 관념에 입각하여, 소유권은 천부인권으로서 불가침의 권리로 인정하였던 것이었다.[44] 이러한 소유권의 천부인권성과 불가침성은 그로티우스(Hugo Grotius: 1583-1645), 록크(John Locke: 1632-1704) 등의 근대자연법론자와 근대경제학자 아담 스미스(Adam Smith: 1723-1790) 등이 주장하였다.[45]

2. 계약자유의 원칙

인간은 이성을 가진 자유의 존재이기 때문에 자유롭게 활동할 수 있어야 한다. 민법은 이러한 인간의 자유활동을 기초로 하고 자유활동을 보장하는 법규정을 입법하였다. 인간의 활동 중에서 법적인 행위를 자유롭게 할 수 있는 원칙을 법률행위자유의 원칙이라 하며, 법률행위 중에서는 계약이 가장 중요한 위치를 차지하기 때문에 법률행위자유의 원칙을 계약자유의 원칙이라고도 한다. 그리하여 일반적으로 법률행위자유의 원칙을 계약자유의 원칙이라 함이 일반적이다. 그리고 법률행위의 자유는 인간의 자기 스스로의 의사에 의하여 이루어지므로 법률행위 자유의 원칙을 개인의사자치의 원칙이라고도 한다.

또 한편으로 계약자유의 원칙을 사적자치의 원칙(Prinzip der Privat-autonomie)라고도 한다. 사적자치의 원칙은 사람과 사람간의 법률관계

44) Michael Werder, Eigentum und Verfassungswandel (Schweiz, Diessenhofen, Verlag Rüegger, 1978), S. 2.
45) A. a. O., SS. 4, 12.

의 형성을 개인이 자유의사에 의하여 결정하는 원칙을 말한다. 그리고 개인과 개인이 사적자치에 의하여 당사자간의 법률관계를 형성하면, 그 법률관계의 실현을 위하여 법률도 조력을 한다. 그러므로 사적자치의 원칙에 의하여 형성된 당사자간의 법률관계는 당사자간에는 반드시 지켜야할 법률이며, 국가의 법률도 당사자간에 자유의사에 의하여 형성된 법률관계가 그 내용 그대로 실현되도록 조력한다. 따라서 사적자치의 원칙은 사람의 자기의사에 의하여 법률관계를 결정하고(Selbsbestimmung) 그 형성된 법률관계에 대해서 당사자가 스스로 책임을 지며(Selbstverantwortung), 이는 결국 자기의사에 의한 자기지배가 이루어진다(Selbstherrschaft). 그리하여 사적 자치는 자기결정의 원칙, 자기책임의 원칙, 그리고 자기지배의 원칙을 그 내용으로 하고 있다. 이러한 사적자치의 원칙은 계약관계가 대표적이다. 그리하여 계약자유의 원칙은 사적자치의 원칙이라고도 할 수 있다.

근대민법은 바로 계약자유의 원칙을 당사자간의 법률관계의 형성의 기본원칙으로 하여 이러한 계약자유가 원만히 실현될 수 있도록 하는 법규정으로 그 내용이 구성되어 있다.

이러한 계약자유의 원칙에 관하여 프랑스 인권선언 제5조에서는 법에 의해 금지되지 아니한 것은 어떠한 행위라도 방해받지 않는다고 규정하고, 프랑스민법 제1134조 제1항에서는 당사자간에 적법하게 형성된 합의는 그것을 행한 자들에 대해서는 법률을 대신한다고 규정하여 당사자간의 계약은 당사자간의 법률임을 확인하고 있다. 독일민법 제2조 제1항에서는 계약자유를 인격의 자유 전개권(Entfaltungsfreiheit der Persönlichkeit)의 내용으로 규정하고 있으며, 우리 민법 제103조에서는 계약자유를 간접적으로 규정하여, 선량한 풍속 기타 사회질서에 위반하는 사항을 내용으로 하지 않는 한 법률행위를 자유롭게 할 수 있도록 규정하고 있다. 우리 헌법재판소에서는 계약자유의 원칙은 헌법상의 기본권인 행복추구권(헌법 제10조)이 그 근거라고 밝히

고 있다.[46]

이와 같이 근대민법은 법률행위의 자유, 즉 계약의 자유에 의해 인간은 자유로운 경제활동을 할 수 있는 자유를 인정하였다. 이러한 법률행위 자유의 원칙도 역시 재산을 소유하고 상거래를 하는 유산자인 시민에게 가장 가치있고 유용한 민법의 원칙이다.

3. 과실책임의 원칙

근대민법에서의 계약자유의 원칙은 인간으로 하여금 적극적으로 법률행위를 자유롭게 할 수 있도록 인정하는 법원칙이다. 인간의 자유로운 활동, 그 중에서도 인간의 자유로운 경제활동의 자유를 보장하기 위해서는 적극적으로 법률행위의 자유를 인정하여야할 뿐만 아니라 소극적으로 자기의 책임있는 사유에 의한 행위에 의하지 아니한한 자기의 행위로 타인에게 손해가 발생하였다 하더라도, 그 손해에 대한 배상책임을 지지 아니하도록 하여야 인간의 자유로운 경제활동의 자유를 완벽하게 보장하고 보호할 수 있는 것이다. 그리하여 근대민법은 인간의 자유로운 활동을 적극적으로는 계약자유의 원칙으로, 소극적으로는 과실책임의 원칙으로 보장하고 보호하고 있다.

따라서 과실책임의 원칙은 비록 타인에게 손해가 발생하였다 하더라도 그것이 자기의 고의 또는 과실의 책임있는 사유에 의하여 발생한 것이 아닌한 그 손해를 배상할 책임을 지지 아니하는 원칙이다. 그러므로 오로지 자기의 고의 또는 과실(즉, 歸責事由)로 인하여 발생한 손해에 대해서만 손해배상책임을 지는 원칙으로서 이를 자기책임의 원칙이라고도 한다.[47]

46) 헌법재판소 1991. 6. 3. 선고 89헌마204 결정.
47) 여기서의 자기책임의 원칙은 자기과실에 대한 책임을 의미하며, 사적자치의 내용으로서의 자기책임과는 동일하지 아니하다.

제 3 절 근대민법의 기본사상과 기본법리의 전개

근대민법은 자유주의와 개인주의를 기본사상으로 한 근대시민사회의 사법에서의 기본법이다. 근대사회의 기초가 된 사상이 자유와 평등과 박애가 근대시민사회의 기초가 된 사상으로 이는 중세의 신분구속적인 사회를 극복하는 저항적인 사상이었으며, 새로운 근대시민사회의 지도사상이 되었다. 이러한 근대시민사회는 유산자들이 중심이 되어 그들의 인격과 자유와 재산을 보호하는 것을 주된 이상으로 하여 전개된 사회이다. 그러므로 자연히 근대민법에서는 유산자들의 인격과 자유와 사유재산을 보장하고 보호할 수 있는 이념하에서 입법이 이루어진 것이다. 근대시민사회는 유산자 중심의 사회였음에도 불구하고 유산자는 전체시민중에서 차지하는 비율은 그렇게 높지는 않았다. 그럼에도 불구하고 유산자들이 사회의 중심세력 내지 지도세력을 이루었기 때문에 근대민법은 유산자들의 활동, 특히 경제활동의 자유와 자유로운 경제활동으로 얻은 부를 사유재산으로 보호할 수 있는 원칙과 법규정으로 입법이 이루어진 것이었다. 그리고 근대민법은 거래법을 중심으로 하여 자연법사상에 의하여 인류보편의 가치를 담은 내용으로 발전되어 온 로마법을 소재로 하여 자유주의와 개인주의에 부합되게 입법이 이루어진 것이다. 또한 유산자가 모든 시민을 구성하지 않았음에도 불구하고 이념적으로는 모든 시민을 유산자로 인정하여 자유와 사유재산보호의 근대민법을 제정하였다.

그리고 근대사상의 기초 중의 하나가 평등이었기 때문에 모든 사람을 예외없이 이상적이고 인격적인 존재로 인정하였다. 그러나 현실적으로 모든 사람이 모두 동일한 수준으로 이성을 가진 존재가 아니었다. 그럼에도 불구하고 유산자가 무산자나 모두 이성을 가진 인격적인 존재로서 평등하며, 그들에게 예외없이 자유와 사유재산을 보장하고 보호하였다.

그리고 근대사상의 기초의 또 하나인 박애 내지 형제애의 사상은 공동체를 이룰 수 있는 중요한 이념이자 덕목임에도 불구하고 근대민법전에서는 형재애를 실천할 수 있는 구체적인 입법에는 극히 소홀하였다. 그것은 아마도 개인에게 자유와 사유재산을 보호하면 사회전체적으로 조화롭게 발전하여 자연적으로 서로간에 형제애의 정신이 실천될 것으로 믿었기 때문인 것으로 생각된다. 그리하여 근대민법은 전통적으로 내려오던 개인의 자유와 사유재산에 대한 외부로부터의 제약을 의도적으로 제거하고 자유와 사유재산의 보호의 내용을 입법하였다. 그 결과로 근대민법은 자유로운 민법이 되었던 것이었다.

계약자유와 사유재산의 보호와 과실책임의 원칙을 기본사상으로 한 민법의 제정초기에는 개인으로 하여금 자유로운 경제활동을 가능케 하고 이로 인하여 취득한 재산을 강하게 보호함으로써 사회전체적으로는 부가 증대하는 적극적인 효과가 나타났다. 그러나 근대민법은 모든 사람이 동일한 인격자라고 보았다. 그러나 현실속에서의 구체적인 인간은 동일하지 아니하였다. 그러므로 근대민법은 능력이 있는 유산자들에게는 한 없는 자유와 부의 축적을 가져다 주고 이를 보장해 주었다. 그러나 무산자들은 자유를 누릴 능력도 부족하고 향유할 사유재산도 없었으며, 가진 것은 오로지 노동력을 제공할 수 있는 자기의 몸밖에는 없었다. 이러한 몸밖에 가진 것이 없는 무산자들에게는 근대민법이 인정하고 보장하는 자유는 유산자들에게의 예속의 자유로 기능하고, 향유할 재산은 자신의 노동력뿐이므로 자신의 노동력을 자본가가 요구하는 대로 저임금으로 팔지 않을 수 없는 자유밖에는 없었다.

따라서 근대민법의 제정과 시행초기에는 자유의 근대민법이 유산자들에게는 무한한 자유를 가져다 주었지만 무산자들에게는 합법적인 구속과 예속의 굴레로 작용하게 되었다.[48] 그러므로 인간에게 자유와 사유재산을 보호하면 자유와 풍요의 이상적인 사회가 도래할 것으로 기대되었으나 현실적으로는 유산자와 무산자, 자본가와 노동자의 계급대립이라는 사회적인 문제, 즉, 사회적 불안이 초래되었다. 이를 시정하기 위하여 노동자의 인간다운 생활을 보장할 수 있는 사회정의의 이념이 새롭게 주장되고 근대민법의 기본원리는 수정을 받지 않을 수 없게 되었다.

48) 예컨대 행위무능력자제도를 살펴보면 제정초기에는 행위무능력자의 인격을 보호하는 내용이 아니라 무능력자가 갖고 있는 재산을 보호하는 내용으로만 입법이 되어 있었다. 그리하여 유산자들에게는 행위무능력자제도가 자유와 재산을 보호할 수 있는 유용한 제도이었지만 무산자들에게는 이용할 기회가 전혀 없는 무용의 법제도였다.

제 4 장

민법과 자본주의 경제발전과의 관계

제 4 장 민법과 자본주의 경제발전과의 관계

제 1 절 법과 경제와의 관계

사회구조에 있어서 경제와 법과의 관계는 경제가 하부구조를 이루고, 법은 하부구조인 경제의 발전을 뒷받침하면서 경제가 정상적으로 발전하도록 지도하고 규율하는 상부구조를 이룬다. 그러므로 법은 경제의 발전을 원활하게 진행되도록 하는 뒷받침을 하게 된다. 따라서 당시의 경제상황을 뛰어 넘어서 경제상황과 다른 이상적인 사회만을 규율하는 법이 나올 수는 없는 것이다. 왜냐하면 모든 사람의 삶의 기초는 경제이며, 경제를 떠나서 법만이 존재할 수 없기 때문이다. 또한 경제의 뒷받침 없이 다른 분야의 발전을 이룰 수 없기 때문이다.

법도 경제의 발전에 따라서 경제가 원활이 운영되어 갈 수 있도록 법제도를 만들어 나가는 것이었으며, 역사적으로도 법은 경제의 발전을 뒷받침하여 왔다. 농업경제의 시대에는 농업법이 발전하였으며, 상업경제시대에는 상업법, 즉 거래법이 발전하였으며, 산업사회시대에는 공법의 발전을 위한 법이 발전하였으며, 오늘날과 같이 금융경제가 발전된 시대에는 금융법이 발전하고 있다. 이와 같이 법과 경제는 서로 분리해서 발전하는 것이 아니라 경제가 발전하면 그것에 따라서 법도 발전하고, 법이 발전하여야 경제도 정상적으로 발전하게 되는 상호보완적 관계를 갖고 있다.

또한 법은 경제사상과도 밀접불가분의 관계에 있다. 사회주의경제사상의 경제를 추구하느냐, 자본주의경제사상에 입각한 경제이냐에 따라서 법의 내용이 동일하지 아니하다. 사회주의경제하에서는 무엇보다도 생산수단에 대한 사소유권을 인정하지 아니함에 반하여, 자본주의경제하에서는 생산수단을 하나의 상품으로 이해하고 생산수단에 대한 사소유권을 널리 인정한다. 그리고 사회주의 경제하에서는 계획경제를 실행함으로 자유로운 거래관계를 부인한다. 그러나 자본주의경제는 자유로운 시장경제를 바탕으로 하므로 계약자유에 의한 자유로운 거래를 인정하고 또한 촉진하는 법으로 구성되어 있다. 그리고 사회주의경제와 자본주의경제가 혼합된 사회주의시장경제 체제하에서는 생산수단에 사소유권을 부인하면서 시장에서의 자유로운 거래가 이루어지도록 하는 법으로 구성되어 있으며, 그 법에는 국가의 경제에 대한 간섭과 통제가 이루어질 수 있는 여지를 넓게 허용하고 있는 법으로 구성되어 있다.

근대민법은 농업중심의 중세 봉건사회를 극복하고, 인간의 자유로운 경제활동이 보장되고, 생산수단에 대한 사소유권이 보장된 근대시민사회의 경제에 관한 일반법이었기 때문에 자연히 자본주의 자유시장경제를 경제의 바탕으로 하는 법이었다. 또한 자유로운 근대시민사회는 농업중심의 단체주의적인 법이었던 게르만법을 버리고, 시장중심의 자유로운 거래법이었던 로마법을 계수하여 근대민법의 소재로 하였기 때문에, 로마법은 자본주의경제와 밀접불가분의 관계를 이루면서 발전되어 왔다. 그러므로 자본주의 발전과정을 살펴보고, 자본주의 각 발전단계에 따라서 로마법이 어떻게 변천하여 왔으며, 어떠한 법제도를 통하여 자본주의 발전에 기여하여 왔는 지를 살펴보기로 한다.

제 2 절 자본주의 경제의 역사적 발전

1. 자본주의 개념의 형성과 특징적 요소

자본(capital; Kapital) 및 자본가(capitalist: Kapitalist)라는 용어는 일찍부터 사용되었다. 그러나 자본주의(capitalism: Kapitalismus)라는 말은 근대산업혁명 후에 생성된 근대산업자본주의의 모순을 해결하게 위하여 19세기 후반에 자본주의에 대해 비판한 칼 맑스에 의해서 붙여진 이름이다.[1] 그리고 자본주의에도 그 종류가 하도 다양하여 어느 학자는 1918년에 이미 자본주의라는 단어에는 고대자본주의, 초기자본주의, 고도자본주의, 상업자본주의, 산업자본주의, 금융자본주의, 국가자본주의, 독점자본주의 등 118가지가 있다고 하였다.[2]

이와 같이 자본주의가 어떠한 내용인가에 대해서는 자본주의의 유형에 따라서 다양하다. 그리하여 자본주의의 모습은 정치, 사회, 문화, 경제의 모습과 변화에 따라서 그 유형과 내용이 다양하게 변하를 거듭하여 왔다.[3] 그러나 이렇게 다양한 자본주의 개념에 있어서 자본주의 핵심은 생산수단에 대한 사소유권(Privateigentum)의 인정에 있다.[4] 자본주의를 비판한 칼 맑스는 자본주의는 4가지의 특징적인 요소로 구성되어 있다고 하였다. 맑스에 의하면, 첫째로 자본주의는 분업(Arbeitsteilung)과 금전(Geld)을 전제조건으로 하여 발전된 시장(Markt)이 중심을 이루며, 둘째로 자본주의는 끝없는 富의 축적, 즉 자본의 축적을 목적으로 하며, 셋째로 자본주의는 생산수단을 소유한 자본가와 생산수단을 소유하지 못하고 자본가와의 계약에 의

1) Hannes Leidinger, Kapitalismus (Köln, Böhlau Verlag, 2008), S. 22.
2) A. a. O., S. 17.
3) A. a. O., S. 22.
4) A. a. O., S. 18.

하여 생산에 종사하는 임금노동자간의 긴장관계가 계속되며, 넷째로 유산자본가는 세계적으로 그들의 활동영역을 확대하며, 노동자의 경제적인 생활영역을 넘어서까지 정치, 문화 등의 영역에 침투해 들어가는 능력을 갖고 있고 또한 그렇게 침투해 들어가는 속성을 지니고 있다고 하였다.5) 그리고 이러한 자본주의의 속성을 수행하는 주체는 개인보다는 기업(Unternehmen)이 담당하여 이를 추구해 나가고 있다고 한다.6)

이와 같은 자본주의는 시장을 중심으로 이루어짐으로 자본주의 경제를 다른 말로서는 시장경제(Marktwirtschaft)라고도 한다.7) 따라서 자본주의는 시장에 의해 자원이 배분되고 시장안에서 소득분배가 결정되는 경제체제로서,8) 자본주의는 생산수단에 대한 사소유권(Privateigentum)의 인정과 보호를 기초로 하여 기업(Unternehmen)이 시장메카니즘(Marktmechanism)을 통하여 이윤의 극대화(Profitmaximierung)를 도모하는 경제체제라 할 수 있다.

그리고 자본주의의 정신적인 뿌리는 자유주의와 개인주의였다.9) 이처럼 자본주의는 자유주의와 개인주의를 바탕으로 하여 발전한 경제체제이지만, 자본주의가 무절제한 자유방임으로 나아가면 강자독식의 결과를 초래하며 사회는 이러한 강자 내지 승자독식의 결과를 받아드릴 수 없기 때문에, 그러한 자유방임적 자본주의는 실패한다는 점이다.10) 그리하여 자본주의 경제질서가 유지되기 위해서는 시장을 통한 자유로운 경제활동과 함께 강하고 유능한 정부에 의한 후견과 감독이 병행되어야 한다.11)

5) Jürgen Kocka, Geschichte des Kapitalismus (Beck, 2013), SS. 10−11.
6) A. a. O., S. 21.
7) Leidinger, a. a. O., S. 22.
8) 정연주 역, E. K. Hunt 저, 전게서, 96면.
9) 조순, "자본주의 경제의 지속적 발전을 위한 경제운영의 원리", 학술원논문집, 인문·사회과학 편, 제54집 1호(대한민국학술원, 2015. 7.), 254면.
10) 상게논문, 245면.

2. 근대이전의 상인자본주의(Kaufmannkapitalismus)의 생성과 발전

생산수단에 대한 사소유권을 기초로 하여 기업에 의하여 시장을 통해서 이윤의 극대화를 속성으로 하는 자본주의의 변천에 관하여는 경제사학자들의 분석에 따라서 다양하다. 그러나 대체적인 세계사적인 관점에서 자본주의 발전과 변천의 과정을 살펴보면, 고대 및 중세의 자본주의의 초기단계에서는 상인들이 이러한 물자교환 및 부의 축적을 담당하였던 상인자본주의(Kaufmannkapitalismus)에서 출발을 하여, 신대륙의 발견과 식민지 개척으로부터 시작된 근대 초기 자본주의(modernes Kapitalismus)를 거쳐, 과학의 발전에 의한 기계의 발명으로 이루어진 산업자본주의(Industriekapitalismus)를 지나서 오늘날은 금융자본주의(Finanzkapitalismus)의 시대로서 자본주의의 세계화(Globalisierung des Kapitalismus)로 진행해 나가고 있다.[12][13] 이처럼 자본주의도 정치, 사회, 정신문화 및 경제의 변천과 상호작용에 따라서 다양한 형태로 변화하여 오늘에 이르고 있다[14].

상인자본주의는 고대와 중세의 중국, 아라비아, 유럽의 일부에서 일어난 상인들의 교역에 의한 상업에 의하여 이룩한 자본주의였다. 상인자본주의 가장 대표적인 예로서는 페니키아인들의 카르타고의 건설과 로마와의 교역, 아리비아상인들의 隊商,[15] 중국의 鄭和(1371－1434)

11) 상게논문, 238면,

12) Kocka, a. a. O., S. 23.

13) 맑스는 경제체제의 발전과정을 원시공동체경제, 노예경제, 봉건경제, 자본주의로 발전해 왔으며, 자본주의는 체제내의 내적 모순과 적대감으로 붕괴될 것이며, 그 후에는 사회주의로 발전하고 다시 사회주의는 공산주의로 발전할 것이라고 하였다(Vgl., 정연주 역, E. K. Hunt 저, 전게서, 93, 95면).

14) Leidinger, a. a. O., S. 22.

15) 아라비아 대상의 활동과 함께 이슬람교가 전파되고, 코란, 구약성서 및 탈무드에서는 이자수령이 금지되어 있으나, 대상들의 상업활동에서는 이를 우회적으로 회피하여 이자를 수령하였다(Vgl., Kocka, a. a. O., S. 28.). 또한 아라비아 상인들은 폭력(Gewalt), 전쟁(Krieg), 및 정복(Eroberung)을 하면서 그들의 시장을 확장하고

에 의한 南方遠征(1405년 시작, 1433년 종결) 등을 들 수 있다.[16] 그러나 고대 그리스의 철학자들과 알렉산더 대왕의 동방원정에 의해서는 이러한 상인자본주의가 일어나지 못하였다. 플라톤과 아리스토텔레스는 자급자족(Selbstgenügsamkeit)을 찬양하고, 시장교역을 통한 이윤추구(Profitmacherei) 및 탐욕(Gier)을 저주하였으며,[17] 알렉산더 대왕의 동방원정 후에도 활발한 상업정책을 추구하지 아니하였다.[18][19] 또한 로마는 카르타고와의 포에니 전쟁에서 승리(BC 202)하기 까지의 고대 로마의 지배계층도 정복과 약탈을 통하여 대토지를 소유하기는 하였으나 역시 상업을 좋아하지는 아니하였다.

그러나 로마가 제2차 포에니 전쟁에서 카르타고를 이기고 지중해를 內海로 하는 국가로 발전한 후에 비로소 지중해를 중심한 상업이 일어나게 되었다. 그 후 서로마 제국이 게르만 민족의 침입으로 멸망하고서는 중세의 봉건사회로 들어가게 되어 다시 로마에서의 상업활동은 침체할 수밖에 없었다. 그리고 서로마제국에서는 장원중심의 봉건적인 농업경제사회를 유지하였다. 또한 사상적으로 중세의 봉건사회와 교회시대에는 플라톤과 아리스토텔레스의 철학이 교회시대에 영향을 주고, 교회의 도덕철학의 영향으로 이자금지, 폭리금지의 교회법이 형성되어 상업거래가 활발할 수 있는 상인자본주의가 일어나기 힘들었다.

이슬람교를 전파하였다(Vgl., Kocka, a. a. O., 27). 그리고 아라비아 상인들에 의한 교역과정에 인도에서 발명된 아라비아 숫자와 零의 숫자가 유럽에 전해지게 되었다(Vgl., a. a. O., S. 36).

16) 중국은 원거리 상업활동을 계속하지 못하였다. 1430년대에 들어서 중국에서는 해상무역을 봉쇄하였다. 왜냐하면 북방으로부터의 이민족의 칩입을 방어하기 위하여서였다. 그리하여 중국에서는 상인자본주의가 종결되고 더 이상 진척되지 못하였다(Vgl., Kocka, a. a. O., S. 27).

17) Kocka, a. a. O., SS. 29－30. 그러나 플라톤과 아리스토텔레스는 노예제도를 인정하여, 결국 노예경제를 용인하였다(Vgl., 정연주 역, E. K. Hunt 저, 전게서, 5면).

18) Kocka, a. a. O., S. 30.

19) 물론 알렉산더 대왕의 死後에 상업이 일어났다는 반대의 견해가 없지는 않다(Vgl., a. a. O., S. 31).

그러나 십자군 전쟁의 준비와 개시(1096), 그리고 오랫 동안의 전쟁수행(1096-1270)으로 전쟁물자의 조달을 위한 상업이 일어나게 되었다. 그 결과로 이탈리아의 피사, 제노아, 베네치아, 플로렌스 등이 상업으로 부를 축적하였다. 또 한편으로 신성로마제국에서는 한자동맹[20](13-16세기 번창)이 형성되어 북유럽과 발틱해를 중심한 상업이 일어나게 되었다. 그러나 근대적인 자본주의가 형성되기 까지는 신대륙의 발견(1492) 후 1세기 정도의 시간이 흐를 때까지 기다려여야만 하였다.

중세의 봉건주의하의 장원경제는 자급자족경제였으며, 자본주의 경제의 특징적 요소를 충분히 갖추지 못하였다. 장원경제는 농노들에 의한 노동(selbständige Arbeit)과 장원에 필요한 물자의 생산(Eigenversorgung)이 특징이었다.[21] 봉건주의는 교회와 세속의 상위계층이 특권층으로 지배한 사회로서 고대의 상업활동에 의한 이익추구에 가치를 부여하지 아니하였으며, 상인자본주의의 성장의 촉매제가 될 수 있는 이자수령을 금지하여 자본주의가 발전할 수 없었다.[22][23] 기독교는 농업경제와 형제애에 의한 연대를 중요시하였기 때문에 상거래 의한 자본주의에 대해서는 반대의 관념(antikapitalische Einstellung)을 갖고 있었으며, 상인에 대해서는 불신(Mißtrauen)을 하였다.[24] 이러한 기독교의 반자본주의 태도에도 불구하고 중세에도 상인자본주의는 그 자체의 동력(Dynamik des Kaufmannkapitalismus)에 의하여 발전되고 확산되었다.[25] 그리하여 유럽에서 상인자본주의는 중세봉건주의로

20) 한자동맹에는 50개 이상의 도시가 참여하였다(Vgl., Kocka, a. a. O., 33).
21) Leidinger, a. a. O., S. 39.
22) A. a. O., S. 37.
23) 이러한 봉건주의는 프랑스에서는 1789년 프랑스 대혁명이 일어날 때까지, 독일에서는 19세기 중반까지, 일본에서는 1868년 명치유신이 있기까지 계속되었다(Vgl., a. a. O., S. 39).
24) Kocka, a. a. O., SS. 41-42.
25) A. a. O., S. 42.

약화되기는 하였으나 대체로 500년대에서 1500년대까지 약 1000년간 지속되었다.[26]

3. 근대 초기자본주의의 생성과 식민지 개척

신대륙의 발견과 종교개혁에 의하여 시작된 근세는 중세와는 다른 사회로 진입하게 되었다. 신중심에서 인간중심의 사회로 전환되기 시작하였으며, 교회세력의 약화를 틈타 세속권력은 점차 강하여져 절대왕정을 이루었으며, 신대륙의 발견에 의하여 신대륙으로부터의 농업생산물 및 광물의 대량유입이 이루어졌으며, 이를 가능하게 위하여 절대왕정은 식민지정책을 수행하면서 단일종류의 농산물을 대량생산하기 위하여 플란테이션농법(Plantagenwirtschaft)을 실시하였으며, 농업의 대량생상을 위하여 노농력은 원주민과 아프리카인들을 노예로 삼아 일을 하게 하였다.[27] 당시의 절대주의에 의한 절대왕정은 부는 증대불능이라는 관념을 갖고 있었다. 그러므로 부는 다른 사람, 다른 나라의 것을 빼앗아오는 방법으로 증대할 수 있다고 관념하였다.[28] 그리하여 절대왕정은 식민지정책을 펼쳐서 식민지 수탈을 강하게 추진하였던 것이었다. 이러한 근대초기주의는 대체로 15세기에서 18세기까지 진행되었다.[29] 보다 구체적으로 근대자본주의의 생성을 엔크로저운동[30](enclosure movement)에 의한 농업혁명에

26) A. a. O., S. 42.
27) 아프리카노예들이 미국에서 평등을 위한 투쟁을 시작한 것이 1619년이었음에 비추어 보면(Vgl., 정연주 역, E. K. Hunt 저, 전게서, 249면), 아프리카노예들이 미국으로 팔려온 것은 그 보다 월씬 전이었다.
28) Leidinger, a. a. O., S. 10.
29) Kocka, a. a. O., S. 23.
30) 엔크로저운동은 힘있던 귀족들이 경작하지 않고 있던 公有地를 목축, 농업의 대량생산 등을 위하여 울타리를 쳐서 사유화한 일이었다. 그리하여 힘없던 농민들은 공장근로자로 내몰리게 되었다.

서부터라는 견해[31]도 있다.

이러한 식민지 개척과 노예를 이용한 농업생산물과 광물의 유럽 본국으로의 대규모의 유입을 담당한 사람들은 바로 절대전제군주들로부터 특허를 받은 상인들이었다. 상인들 중에도 특히 企業商人인 식민지 지배회사[32]가 주로 이를 담당하였다. 이러한 식민지 지배회사는 유럽본국의 대표기관으로서 식민지 수탈을 위한 국가권력을 대신 행사하였다.

이러한 근대 초기자본주의는 중상주의 정책으로 추진되었으며, 식민지개척에 의한 식민지 수탈경제였으며, 노예를 이용한 노예경제였으며, 정치·군사력과 결탁한 제국주의 경제였다. 그리고 식민지 농업경제를 운영함에 있어서도 다양한 농작물을 대량으로 생산한 것이 아니라 유럽본국에 필요한 농작물을 중심한 단일농작물산업(Protoindustrie)을 생산하였다. 그리하여 식민지경제는 왜곡될 수밖에 없었으며 그 영향을 지금도 계속되고 있다고 판단된다.

이러한 근대 초기자본주의는 중상주의 경제였으며 원거리 무역을 통하여 부를 축적하였으나 모든 시민들이 평등하게 부를 향유한 것이 아니라 신흥 유산자 계층만이 부를 향유한 편향된 경제체제였다. 그러나 노예를 이용한 식민지 경영을 통하여 국가 전체적으로는 부를 축적함으로써 근대 산업자본주의로 발전·전환할 수 있는 경제적 기초를 마련할 수 있었다. 이러한 근대 식민지 개척에 의한 자본주의도 역시 식민지 농업경제를 바탕으로 한 상업자본주의 내지 상인자본주의의 범주에 속한다. 이러한 근대 상업자본주의는 국가권력과 결합하여 식민지 개척으로 이루어갔기 때문에 약소국을 지배하고 착취하는 제국주의(Imperialismus)의 모습으로 나아갔다.

31) 조순, 전게논문, 214면.

32) 예를 들면 영국의 동인도회사(1600년 설립), 네델란드의 동인도회사(1602년 설립, 주식회사이었다), 프랑스 동인도 회사(1664년 설립), 네델란드의 서인도회사(1621년 설립), 프랑스의 서인도회사(1664년) 등을 들 수 있다.

이와 같은 근대자본주의로의 발전에 사상적 기초를 제공한 대표적인 사람은 토마스 만[33](Thomas Mun: 1571-1641), 죠수아 차일드[34](Joshiah Child: 1630-1699) 등이며, 중상주의를 강력하게 추진한 중상주의자로는 올리버 크롬웰[35](Oliver Cromwell: 1599-1658), 콜베르[36](Jean-Baptiste Colbert: 1619-1683) 등이다.[37]

이와 같은 근대 초기자본주의는 근대의 시작과 함께 과학의 발달, 인쇄술의 개발, 식민지 개척, 절대왕정에 의한 강력한 중앙국가권력 등에 힘입어 구체적으로 실행이 가능하였으며, 그 후의 산업자본주의를 위한 준비단계로서 그 역사적 역할을 담당하였다.[38] 그리고 이 시대의 자본주의는 잔인하였다고 평가된다. 왜냐하면 자본주의는 그 본질상 항상 팽창하여야 하며,[39] 자본주의시장경제하에서는 항상 승자와 패자를 만들어 내기 때문이다.[40] 또한 식민지 지배와 노예노동에 의한 착취를 당시의 政治와 법이 이를 인정하였기 때문이었다.[41]

이와 같은 근대 초기자본주의는 본격적인 산업자본주의의 前時期에 일어난 자본주의로서 이를 전기자본주의(Vorkapitalismus)라고도 한다.[42]

---

33) 그는 영국의 중상주의경제학자로서 영국 동인도회사의 이사로 일하였다.
34) 그는 영국의 동인도회사 사장을 지냈다.
35) 그는 영국의 護國卿(Lord Protector)으로서 잉글랜드, 스코틀랜드 및 아일랜드를 다스렸다. 호국경은 본래 왕을 보좌하던 위치의 관직이었다.
36) 그는 루이 14세 치하(1638-1715)에서 재무장관을 지냈다.
37) 아담 스미스가 이러한 당시의 식민지 경제를 비판하면서 당시의 식민지 수탈경제를 중상주의(Merkantilismus)라 하였다.
38) Leidinger, a. a. O., S. 55.
39) 조순, 전게논문, 235면.
40) 상게논문, 236면.
41) Kocka, a. a. O., S. 59.
42) A. a. O., S. 68.

4. 산업자본주의의 생성과 발전 및 모순의 발생

(1) 산업자본주의의 생성과 발전

산업자본주의의 생성은 기계의 발명과 임금노동에 인한 공장제 생산과 생산물의 다량의 거래로 부터 시작이 되었다. 이러한 공장제 임금노동에 의한 생산 이전에는 가내 수공업 내지 주문생산(manufacture) 정도에 불과하였다. 그러므로 산업자본주의 이전의 근대자본주의하에서의 공장제생산은 주문에 의하여 생산이 이루어졌으며, 따라서 자연히 대량생산이 불가능하였다. 그리고 주문제 공장생산과정에서는 임금노동자의 대량고용에 의하여 생산이 이루어질 수 없었다. 수공업자 스스로 수공업자 조합(Zufunt)을 조직하여 그들만의 독점적 방식으로 생산을 하였다.

이러한 임금노동에 의한 공장제 생산은 생산과 운송에 필요한 기계, 예컨대 방직기계(18세기 중엽; 보다 구체적으로는 1768, 1769 어간), 증기기관차의 발명(1769) 등에 의하여 1750년대 이후부터 가능하게 되었다.[43][44] 이러한 사회경제적 변화를 산업혁명[45](industrial revolution)이라 한다. 그러므로 산업자본주의는 기계의 발명으로 주문에 의하지 아니하고 노동력을 임금을 주고 사서 생산을 하고 공장생산물을 대량으로 거래하기 시작한 시대의 자본주의였다.

이러한 산업자본주의(Industriekapitalismus) 이전의 근대 초기자본주의는 해외식민지를 개척하여 원주민과 노예를 이용한 농업생산물과

43) Leidinger, a. a. O., S. 15.
44) 이와 같은 산업자본주의는 오늘날도 계속이 되고 있지만 금융자본주의의 출현으로 대체로 20세기까지 지속된 것으로 평가되고 있다(Vgl., Kocka, a. a. O., S. 23).
45) 산업혁명이란 용어는 영국의 역사학자인 토인비(Arnold Joseph Toynbee: 1889-1975)가 그의 논문 "Lectures on the Industrial Revolution of the Eighteenth Century in England"에서 처음으로 사용하였다.

광업생산물의 반입에 의한 식민지종주국들이 상업을 통하여 부를 축적한 시대의 자본주의였다. 그러므로 근대자본주의와 산업자본주의는 그 모습이 현저히 다른 모습을 띠었다.

이와 같은 산업자본주의에 있어서 산업화(Industrialisierung)의 가장 중요한 요소로서는, 증기기관의 발명과 발전에 의한 기술적 조직의 혁신과 방직기 등의 발명과 발전에 의한 기계화, 석탄, 전기 등의 새로운 에너지원의 대량적인 확보, 노동력에 의하여 생산이 이루어지는 기업에 의한 생산공장의 확대 등을 들 수 있다.[46] 이러한 요소들을 산업화의 3대 요소라 하며, 또한 이러한 산업화는 18세기 후반 영국에서 처음으로 시작되어, 시민생활과 사회의 혁명적인 변화를 가져왔다.[47][48] 산업화에 의한 산업자본주의 사회는 생산제품의 거래도 활발하게 일어나기 시작하였기 때문에 상업사회(commercial society)가 시작된 시기이기도 하다.[49]

근대 초기자본주의하에서는 해외식민지로부터 무역독점권을 취득한 식민지종구국들의 동인도회사 및 서인도회사가 식민지종주국이 필요로 하는 사치품, 기호품, 귀금속광물 등을 식민지 원주민과 노예를 부려 생산을 하여 본국으로 반입하는 상업으로 부를 축적한 상업자본주의(Handelskapitalismus)였다. 그러므로 상인이 부를 축적한 시대였으며, 부를 축적한 상인들은 그들에게 특허권을 준 절대전제군주에 대하여 상비군의 유지비용을 부담하는 방법으로 절대군주와 결탁을 하였다. 따라서 이렇게 부를 축적한 상인들은 새로운 유산자계층을 이루게 되었다.

---

46) Kocka, a. a. O., S. 79.

47) A. a. O., S. 80.

48) 산업자본주의는 기계의 발명으로 시작된 산업화에 의하여 이루어졌을 뿐이며, 자본주의에는 여러 유형이 있기 때문에 자본주의가 곧바로 산업화를 의미하는 것은 아니다. 산업화는 산업자본주의의 특징적인 요소이다(Vgl., Kocka, a. a. O., S. 81).

49) Kocka, a. a. O., S. 72.

이와 같이 부의 원천을 식민정책에 의한 상업에서 찾은 중상주의와는 달리 농업이 부의 원천이라고 주장하고 농업을 장려한 중농주의(physiocracy)도 이 시대에 생성이 되었다. 중농주의는 국가권력과 결탁한 중상주의를 반대하고 농업이 경제활동의 중심이고 농업노동력만이 생산적이며, 토지가 생산의 원동력임을 강조한 경제사상이다. 이러한 중농주의는 중상주의에 의하여 소수의 상인계층이 부를 독점하고 다수의 농민들은 빈곤한 생활을 면하지 못함으로 인하여 중상주의에 대항하여 농업노동력인 농민들을 활용하여 농업생산을 증대함으로써 농민들의 생활을 향상시키고 이울러 농업생산에 의한 국가의 부를 증대할 것을 주장한 사상이었다. 또한 중농주의는 중상주의가 국가의 강제력을 동원함에 반대하고 농산물의 자유거래를 추구하였다. 이와 같은 중농주의를 주장한 학자로는 페티(William Petty: 1623－1687), 케네(François Magalona Quesnay: 1694－1774) 등이 대표적이었다.

산업자본주의는 중농주의의 자유경제사상의 영향을 이어받아 임금노동자를 고용하여 공장에서 대량으로 상품을 생산하여 자유롭게 거래함으로써 공장생산물을 통한 부의 축적을 도모할 수 있게 되었다. 또한 생산수단에 대한 사소유권의 인정으로 생산수단을 가진 자본가들은 생산수단을 갖지 못하고 가진 것이라는 자기 몸(즉, 노동력)밖에 없는 노동자들을 적은 임금으로 대량 고용하여 생산을 할 수 있게 되어 공장생산물을 국내는 물론 해외 식민지에 매매하여 부를 축적할 수 있게 되었다. 그 결과로 산업자본가가 상업자본가이외의 또 다른 신흥유산자계층으로 출현하게 되었다.

이와 같이 산업자본주의가 발달할 수 있었던 것은, 기계의 발명과 식민지로부터의 원료조달의 가능, 값싼 임금노동력의 확보가능, 중상주의정책의 실시에 의하여 축적한 금전을 은행[50)]을 통하여 산업

50) 1494년이 이미 독일 아우구스부르크의 푸거가(Fugger)에서 금융대출업을 시작하

자본가에게 공장제생산에 필요한 자본대출의 가능, 그리고 공장생산물을 내다 팔 수 있는 식민지시장의 존재 등의 여러 가지 원인이 있었지만, 그 중에서도 법적으로 사유재산권의 강력한 보장, 자유로운 거래의 인정과 보호 등의 뒷받침이 있었기 때문이었다.

그리고 중상주의 시대에는 새로운 식민지 종주국들의 식민지 개척이 주된 식민정책이었으나, 산업자본주의 시대의 식민지 개척에 있어서는 식민지 종주국간에 이미 지배한 식민지를 서로 쟁취하는 식민지종주국 상호간의 식민지쟁탈관계로 변질이 되었다. 이러한 식민지주의와 제국국주의가 결합하게 되었으며, 비인회의(Wiener Kongress)가 종결된 1815년부터 세계 제1차대전이 발발한 1914년사이에 가장 극심하였다.[51] 이러한 식민지주의와 제국주의의 결합의 가장 주된 원인은 산업자본주의의 성장과 기술의 혁신과 서구인들에게 세계도처의 천연자원을 지배할 수 있기 해 준 지식의 혁명 때문이었다.[52]

이러한 산업자본주의의 발전을 촉진시킨 학자들로는 도덕철학자(Moralphilosoph)이었으며, 국가정치경제학자(Nationalökonom)였던 아담 스미스(Adam Smith: 1723－1790)가 대표적이며, 그로티우스(1583－1645), 홉스(1585－1679), 데카르트(René Descartes: 1596－1650), 스피노자(Baruch Spinoza: 1632－1677), 죤 록크(1632－1704), 몽테스큐(1689－1755) 등도 산업자본주의 발전에 사상적으로 기여 하였다.[53] 아담 스미스는 개인의 자기이익의 추구를 인정하고 개인의 이익추구는 공동체의 복지에 기여함을 주장하였으며, 자본주의의 특징으로서 분업(Arbeitsteilung), 상업(Handel), 자본형성(Kapitalbildung), 수요와 공급(Angebot und Nachfrage)

였으며, 1694에는 英蘭銀行(Bank of England)이 설립되었다.

51) 허호익 역, Kenneth Scott Latourette 저, 기독교의 역사 (대한기독교출판사, 1986), 212면.

52) 상게서, 212면.

53) Leidinger, op. cit., p. 15; Kocka, a. a, O., S. 73.

에 의한 가격메카니즘(Preismechanism) 등을 주장하였다.[54] 그리고 국가는 시장에 개입하지 말 것과 보이지 않는 손(invisible hand)에 의한 시장질서에 의하여 생산과 소비가 일어나도록 할 것을 주장하였다. 그리하여 아담 스미스는 자기의 이익을 추구하는 사람을 경제인으로 설정하고, 이러한 이기적인 개인을 자신의 자본주의 경제이론에서 핵심적인 개념으로 삼았다.[55] 그는 또한 개인욕구를 최우선시하는 것을 그의 자유주의 경제학의 핵심골격으로 하였다.[56]

이와 같이 산업자본주의가 발전할 수 있었던 것은 개신교의 종교사상도 크게 기여하였다. 가톨릭에서는 자급자족의 농업경제를 선호하였으며, 도덕신학(Moraltheologie)에 의하여 폭리행위와 이자수령을 금지하고, 부를 이룰 수 있는 일체의 금전거래를 거절하였으며,[57] 근대자본주의 발전에도 기여하지 못하였다.[58] 그러나 개신교는 자본주의 발전에 사상적으로 크게 기여하였다. 먼저 종교개혁에 의하여 신중심의 사회에서 인간중심의 사회로의 발전의 길을 열었으며, 특히 종교개혁자였던 칼빈은 노동의 가치를 중시하고, 부의 축적을 인정하였으며, 召命意識, 豫定論에 의하여 자기가 맡은 노동을 충실히 수행하는 천직의식을 갖고 이를 수행함이 신으로부터 구원을 받을 수 있는 길임을 주장하였다. 노동을 신성시 한 칼빈(Jean Calvin: 1509－1564)에 의한 퓨리탄 사상[59](puritanism)은 산업자본주의 발전

54) Kocka, a. a. O., S. 74.

55) 김동일 편역, 사회사상사(文音社, 1994), 86면.

56) 상게서, 86면.

57) Kocka, a. a. O., S. 73.

58) 가톨릭에서는 1869년에 소집된 바티칸 공의회에서 자유주의를 반대하여 자본주의에 대한 거부적인 태도를 취하였으며(김상용, 서양법사와 법정책 (피앤씨미디어, 2014), 405면), 제2차 세계대전 후 독일의 재건 과정에서도 개인주의보다는 공동체주의를 강조함으로써 자본주의의 발전에 대해 소극적인 입장을 취하였다 (김상용, 자연법론과 법정책 (피앤씨미디어, 2015), 249면).

59) 퓨리탄 정신은 현실의 일을 소중히 여기며, 이 세상의 일을 거절하지 아니하는 청교도들의 사상이다. 이러한 청교도 사상이 현실에서의 합리적인 이윤추구에 기여를 하였다. 따라서 淸富思想이 청교도 사상이다.

에 기여한 종교사상의 기초가 되었다.[60][61] 그러나 루터는 농업과 수공법 생산에 더 큰 관심을 가지고 이를 추구하여 산업자본주의의 발전에는 별 기여를 하지 못하였다.[62][63] 또한 계몽사상(Aufklärung: 17-18세기)도 산업자본주의 발전에 사상적 기초가 되었다.[64]

(2) 산업자본주의의 모순의 발생

산업자본주의에 의하여 사회 전체의 부가 증대되었으며, 상업자본가는 물론 산업자본가들도 신흥 유산자계층으로 신분전환이 일어나 사회 전체가 풍요로운 사회가 되고 모든 사람이 인간다운 삶을 살 수 있을 것으로 기대되었다. 물론 사회전체적으로 공장제생산에 의한 산업의 부흥과 부의 축적이 일어났다. 그러나 자본을 갖지 못한 노동자들은 자본가에 예속되고, 기계에 예속되는 사회적인 모순 현상이 발생하게 되었다. 노동자들은 자기의 유일한 노동력을 팔아서 부를 축적하여야만 하였다. 그러나 노동자에게 노동의 대가로 주어지는 임금은 노동자들의 최소한 생활에 필요한 정도를 넘지 못한다

60) 이러한 칼빈에 의한 청교도의 퓨리턴사상의 근대자본주의 발전의 기여에 관하여는 막스 베버(Karl Emil Maximilian Weber: 1864-1920)에 의하여 학문적으로 강하게 주장되었다. 그리고 그는 자본주의가 경제적으로 합리성(Rationaltät)이 있음을 주장하였다(Vgl., Kocka, a. a.. O., S. 78).

61) 칼빈은 중용, 금욕을 주장하면서, 또한 神政主義를 주장하고 교회보다 국가가 위라는 國家優位도 주장하였다. 그리하여 칼빈의 신정주의와 국가우위의 사상은 국가질서에 교회정신을 투영하고자 한 사상이었다(Vgl., Christianity and Law, op. cit., p. 25).

62) Leidinger, a. a. O., S. 16.

63) 루터는 아리스토텔레스의 사상에도 반대의 입장이었다(Vgl., Alfred Grobmann, Das Naturrecht bei Luther und Calvin: Eine politische Untersuchung (Hamburg, Druck von Friedr. Prieß Buchhandlung, 1935), S. 1). 그리고 중세의 교회에서는 스토아철학과 로마법을 이어받아 기독교의 체제를 구축하였지만, 루터는 스토아철학도 로마법의 도움도, 자연법의 도움도 받지 않고, 또한 도덕의 도움도 받지 아니하고, 오직 신(하나님)의 계시와 은혜로 기독교의 독자성을 세우고자 하였다(Vgl., Grobmann, a. a. O., SS. 3, 28, 31, 46). 그리고 루터에게 있어서 신은 플라톤의 이데아와 같았다(Vgl., a. a. O., S. 24).

64) Kocka, a. a. O., S. 73.

는 사상과 이론에 기초하여 노동자들이 노동의 대가로 받는 임금으로는 인간다운 삶을 이어갈 수가 없는 상태로 발전하게 되었다. 노동자들에게 주어지는 임금의 결정은 노동자들이 제공한 노동력에 비례하는 수준이 아니라 賃金鐵則說[65](theory of iron law of wages), 賃金基金說[66] 등에 의하여 노동자들이 최소한의 생존을 위한 수준을 넘지 않을 정도로 지급하여도 정당하다는 이론이 주장되고 받아들여졌으며 자본가들은 그대로 실천을 하였다. 또한 생산은 산술급부적으로 증대하는데 반하여 인구는 기하급수적으로 증대한다는 말서스(Thomas Robert Malthus: 1766－1834)의 인구론도 노동자의 빈곤을 당연시하고, 따라서 결과적으로 최소한 임금지급을 정당화하는 자본주의의 모순을 정당화하였다. 그리하여 말서스는 노동자의 임금을 올리지 말 것을 주장하였다.[67]

그러한 결과로 자본가와 노동자의 대립상황이 발생하고, 노동자들은 기계를 파괴하는 현상이 일어났으며, 노동자들은 그들의 인간다운 삶을 위한 노동자운동[68](chartist movement)을 전개하게 되었다. 또 한편으로 산업자본주의의 발전은 다양한 농산물의 생산을 위하여 농사를 짓던 농경지를 공장생산에 필요한 원료인 양모의 생산을 위한 원료공급지로 전환하여 농민들을 도시의 공장근로자로 만드는 일(enclosure movement)에 대하여 농민들의 저항운동도 일어났다.

65) 임금철칙설은 임금의 결정은 최소한의 생존유지 수준(Existenzminimum)에서 결정된다는 이론으로서 라살레(Ferdinand Johann Gottlieb Lassalle: 1825－1864)가 주장하였으며, 그는 사회주의자였다.

66) 임금기금설은 영국의 고전 경제학파에 속하는 리카도(David Ricardo: 1772－1823)와 밀(John Stuart Mill: 1806-1873)이 주창한 임금결정이론으로서, 임금은 한 사회의 총자본에서 임금으로 지급될 기본금액을 정하고 그 기본금액을 노동자 수로 나눈 몫으로 결정한다고 주장하는 임금결정이론이다. 그러므로 기금은 일정한 데 노동자가 늘어나면 개별 노동자에게 지급되는 임금은 낮아질 수밖에 없다.

67) Leidinger, a. a. O., S. 79.

68) 차이티스트운동은 자본가에게는 투표권이 주어지고 노동자에게는 투표권이 주어지지 않음으로서 노동자들이 자기 권리주장을 할 수 없는 상황을 혁파하기 위하여 19세기 중엽(1838－1848) 영국에서 일어난 사회운동으로서의 노동자운동이었다.

이와 같이 자본가와 노동자의 대립현상은 산업자본주의가 생산수단에 대한 사소유권을 천부인권으로 강력하게 보호하고, 인간의 자유, 그 중에서도 경제활동의 자유도 천부인권으로 보장하여 자본가들의 이기심을 극도로 자극하는 방법에 의한 경제활동을 보장하였기 때문이었다. 노동자들에게도 형식적으로는 이러한 자유가 천부인권으로 보장되었으나 노동자들은 그들의 자유를 향유할 수 있는 생산수단을 소유하지 못하였기 때문에 생존을 위해서는 자본가들이 요구하는 대로 노동자들이 자유롭게 처분할 수 있는 노동력을 최소한의 대가를 받고 처분할 수밖에 없었다. 노동자들 중에는 보호받아야할 부인도 어린이들도 자본가가 요구하는 대로 장시간 노동을 하지 않을 수 없었으며 노동의 대가도 역시 자본가가 지급하고자 하는 최저수준으로만 지급받는 것으로 만족하여야만 하였다. 산업자본주의가 고도로 발전해 감에 따라서 이와 같이 노동자들이 비참한 생활을 함에도 불구하고 자본가들이 부를 축적할 수 있었던 것은 바로 천부인권으로 보장된 생산수단에 대한 사소유권의 보장과 인간의 자유의 보장에 의하여 합법적으로 가능하였다. 이러한 모순현상이 합법적으로 가능할 수 있었던 것은 당시에 모든 인간을 추상적으로 동일한 인격자(Person)로 보았으나 현실적 구체적인 인간(Mensch)은 차이가 있음을 깊이 인식하지 못하고 추상적으로 모든 인간은 동일한 人格者이며 동일한 理性의 所持者로 보았기 때문이었다. 그 결과로 가진 자가 갖지 못한 자를 합법적으로 지배하는 사회적 모순현상이 일어나게 되었던 것이다. 그러나 이러한 모순현상은 바로 자본가와 노동자의 계층간의 대립이었다. 그럼에도 불구하고 산업자본주의를 고도화하기 위하여 슘피터(Joseph Schumpeter: 1883–1950)는 계속적인 혁신(innovation)을 강조하여 산업자본주의 발전과 성장을 강조하였다.[69] 그리하여 그는 혁신을 위한 새로운 창조를 위하여 기존의

69) Leidinger, a. a. O., S. 20.

것의 파괴, 즉 창조적 파괴(schöpferische Zerstörung)를 주장하였다.70)

이와 같은 산업자본주의 고도화에 따른 자본가와 노동자간의 계층간의 갈등을 해결하고 노동자들이 인간다운 생활을 할 수 있도록 하는 두 가지의 방향의 방안이 주장되었다. 먼저 자본주의를 비판하면서 생성된 사회주의에서는 노동자들의 노동에 의하여 가치가 창조된다는 노동가치설에 입각하여 상품의 생산으로 발생하는 잉여가치는 노동자들의 노동으로 발생하는데, 정작 그 귀속은 자본가에게 귀속하게 된다는 것이었다. 그러므로 노동자들의 노동에 의하여 발생한 잉여가치는 노동자들에 귀속되어야 함에도 불구하고, 자본가에게 귀속하게 되는 것은 바로 생산수단을 자본가가 소유하고 있기 때문이며, 노동자에게는 계약자유라는 명분하에 노동자들의 생존을 위한 최소한의 임금만을 줄 뿐이기 때문이라고 자본주의를 비판하였다. 그리하여 사회주의에서는 사소유권은 착취적인 소유권이기 때문에 이를 일시에 혁명적인 방법으로 몰수하여 모든 생산수단을 전인민의 소유로 옮겨놓아야 한다고 주장하였다. 그렇게 하면 노동자들의 인간적인 삶을 회복할 수 있다고 주장하였다. 이러한 자본주의에 대한 비판을 가하고, 생산수단의 사소유권을 일시에 몰수하여 전인민의 소유로 하여야 한다고 주장한 대표자가 바로 칼 맑스(Karl Heinrich Marx: 1818－1883)였다.

다른 한편으로는 생산수단에 대한 사소유권을 인정하는 자본주의를 유지하면서 사소유권을 절대적인 천부인권으로 보호할 것이 아니라 사회정의의 입장에서 공동체를 위하여 사소유권에 대한 법적 제한을 가하여 절대적인 사소유권을 상대적인 권리로 전환함이 타당하며, 노동자들에게는 생존에 필요한 최소한의 임금을 지급할 것이 아니라 인간다운 물질적 생활이 가능할 수 있도록 임금을 충분히 지급하여 수요를 늘리고 이에 따라 상품의 공급이 더 많이 그리고

70) Kocka, a. a. O., S. 83.

충분히 이루어지도록 하여야 한다는 주장을 하였다.[71][72] 그리고 국가가 적극적으로 시장에 개입하여 시장질서를 유지할 것을 주장하였다. 그렇게 하면 노동자들은 인간적인 삶을 살게 되며, 사회 전체적으로도 발전할 수 있다고 하였다. 이러한 일을 위하여는 국가가 적극적으로 재정을 투자하여 노동자들의 일자리를 만들고 임금을 충분히 지급하여 수요를 창출하고, 이에 따라서 상품의 공급이 늘어나도록 하여야 한다고 하였다. 이러한 산업자본주의의 변화를 수정자본주의라 하며, 케인즈(John Maynard Keynes: 1883-1946)가 대표적인 수정자본주의자로 평가된다. 케인즈는 자본주의 본질은 돈을 벌고 돈을 좋아하는 인간의 본능이 경제라는 기계(economic machine)의 동기가 되는 주된 동력(main motive force)이라고 하였다.[73]

산업자본주의는 자본주의를 부정하는 사회주의에 대항하여 자본주의의 근본을 유지하면서 이를 공동체를 위하여 수정한 수정자본주의로 나가아게 한 사회민주주의(Sozialdemokratie)에 의하여 자본주의가 더욱 안정적으로 발전할 수 있게 되어, 자본주의를 안정화시키고 지속케 한 것은 바로 사회민주주의였다.[74]

5. 금융자본주의와 신자유주의의 출현

산업자본주의가 고도화되어 기계가 더욱더 발전하고 수요에 맞추어 생산이 이루어지는 것이 아니라 공급이 수요를 창조해 나가는 대량생산에 의한 대량소비를 부추키는 사회로 발전하게 되었다. 그리

71) Leidinger, a. a. O., S. 79.

72) 영국에서는 대량빈곤현상에 의하여 1795년에 이미 최저임금제(Mindestlohn)의 실시가 주장되었다(Vgl., a. a. O., S. 75).이와 함께 유럽에서는 19세기 후반에 노동자들을 위한 사회보험이 시작되었다(Vgl., a. a. O., 75).

73) Kocka, a. a. O., S. 17.

74) Leidinger, a. a. O., SS. 76, 82.

고 소비를 촉진하는 정보가 넘쳐나고, 또한 산업을 일으키던 금융이 소비를 조장하는 방향으로 바뀌어 생산보다는 소비에 치중하는 사회로 발전하게 되었다. 이와 같이 산업자본주의는 초기에는 산업을 발전시켜 생산의 증대를 가져와 개인의 삶과 사회의 변화를 초래하여 시장을 통한 보이지 않는 손에 의하여 사회는 풍요롭고 조화로운 사회로 발전할 것으로 믿었다.

그러나 산업자본주의의 고도화에 따라서 생산수단을 소유한 자본가와 생산수단을 소유하지 못하고 몸밖에 갖지 못한 노동자간의 계층갈등으로 인한 사회불안을 초래하게 되었다. 이러한 사회불안을 해소하고 노동자들의 인간다운 삶을 위한 사회정의(social justice)의 실현을 위하여 새로운 대안들이 제시되었다. 그러한 대안으로서는 생산수단에 대한 사소유권을 인정하는 자본주의의 속성은 그대로 유지하면서 사소유권에 대한 제한과 노동자들의 인간다운 삶을 위한 자본주의의 수정정책이 추진되어, 산업자본주의가 사회정의를 실현하면서 더욱더 강력한 경제체제를 유지할 수 있게 되었다. 그러한 산업자본주의의 변화는 정치적으로는 사회민주주의에 의하여 가능하게 되었다.

그렇지만 자본주의는 인간의 이기심을 자극하여 경제발전을 도모하는 경제체제이기 때문에 자본가는 최대한의 이익을 얻어 부를 축적하고자 하고, 적정생산보다는 초과생산을 하여 노동자들이 감내할 수 없는 초과소비를 촉진하여 생산에 소비가 따라갈 수 없는 상황이 나타나는 부작용이 일어났다. 그러한 자본주의의 부작용은 바로 자본주의 경제의 경기변동으로 인한 경제의 부흥과 침체의 반복현상이며, 이와 같은 자본주의 시장경제의 주기적인 불안정성(Unsicherheit)인 경제위기의 발생은 자본주의의 본질적인 특징이기도 하다.[75] 그리하여 세계자본주의 경제사에서 주기적으로 경기침체의 현상이 일

75) A. a. O., S. 78.

어났다. 경기침체는 자본가의 삶보다는 노동자의 삶의 붕괴를 초래하였다.

또 한편으로 산업자본주의의 고도화와 함께 생산과 소비의 경제활동에 있어서 금융이 중요부분을 차지하게 됨으로서 산업자본주의에 점차 금융자본주의가 중요성을 더하여 가게 되었다. 산업자본주의는 기계에 의한 공장제 생산으로 산업을 일으키고 인간의 삶을 풍요롭게 하고 사회의 부를 증대하려는 경제체제이다. 그러나 금융자본주의는 금융의 공급과 조절을 통하여 생산과 소비를 촉진하고 경제가 금융의 조절을 통하여 안정적으로 운용되도록 하는 경제체제이다. 산업자본주의하에서는 노동자의 임금을 생존에 필요한 최소한을 지급하는 것이 중요한 내용이었으나, 금융자본주의하에서는 노동자의 임금을 늘려 소비를 촉진하도록 하고, 그렇게 소비를 촉진하면 생산이 증대된다는 사상이 강하게 작용하는 경제체제이다. 특히 경기침체기에는 국가가 재정을 확대지출하여 공공사업을 함으로써 노동자들의 일자리를 늘려 노동자의 임금의 증대를 도모하여 소비를 촉진하는 방법으로 침체된 경기를 회복할 수 있다는 방향으로 경제운용의 방식을 주장하고 또한 실천하였다. 따라서 생산수단에 대한 사소유권을 가진 자 중심의 산업자본주의는 생산수단에 대한 사소유권을 가진 자가 아니라 금융(금융자본)을 가진 자 중심의 금융자본주의가 더 중요한 자본주의로 전환해 나가고 있다.[76] 그리고 산업자본주의는 자유주의 사상을 기반으로 하여 발전된 자본주의이나, 노동자의 인간다운 삶을 위한 사회정의를 실현하기 위하여 시장에 국가 개입하고 간섭하고 통제하는 것이 증대되었다. 그러나 오늘날은

76) 이러한 산업자본주의에서 금융자본주의로의 변화를 소유자자본주의(Eigentümerkapitalismus)에서 관리자자본주의(Managerkapitalismus)로의 변화라고도 한다(Vgl., Kocka, a. a. O., S. 85). 관리자자본주의로의 변화는 高收益, 高危險을 동반하는 것이 특징이다(Vgl., a. a. O., S. 90). 근자에는 다시 관리자자본주의에서 투자자자본주의(Investorkapitalismus)로 변화를 하고 있다(Vgl., a. a. O., 96).

시장에서의 국가의 간섭과 통제를 배제하여야 한다는 신자유주의(neoliberalism)가 대두하여 금융을 가진 기업이 시장을 지배하고 국가의 시장간섭에 대해서 까지 대항할 수 있는 시대로 진입하였다. 그리고 오늘날의 신자유주의하에서의 금융자본주의에서는 금융자본이 산업자본도 노동자들도 지배하는 시대가 되었다. 또한 거대 금융자본이 세계시장을 지배하는 현상으로 발전하고 그러한 방향으로 자본주의가 진행하여 금융자본을 가진 자와 금융자본을 갖지 못한 자 간의 양극화(polarization)가 사회문제로 대두되었다.

이와 같이 신자유주의에 의한 금융자본주의의 고도의 발전은 금융자본의 운용을 통한 이윤의 극대화(profit maximization)를 추구하며, 자유시장경제의 원칙(free market principle)을 고수하며, 국가는 오로지 시장에서 경쟁질서(system of competition)가 유지되도록 하는데 한정되어야 한다는 사상을 담고 있다.[77] 또한 이와 같은 신자유주의경제는 자유방임적 자본주의(laissez-faire capitalism)를 추구한다.[78] 이러한 신자유주의적 금융자본주의 사상가는 하이에크[79](Friedrich Hayek: 1899-1992)였다. 그리고 화폐금융론자인 밀턴(Friedman Milton, 1912-2006)도 역시 이러한 신자유주의 경제학자에 속한다. 이러한 신자유주의경제는 1940년 및 1950년대에 이미 실행이 되기 시작하여 세계적으로 확산되어 "관세 및 무역에 관한 일반협정"(GATT: General Agreement on Tariffs and Trade, 1944) 체제 및 "세계무역기구"(WTO: World Trade Organization, 1995) 체제가 바로 신자유주의 경제사상의 산물이다.[80][81]

77) Danny Nicol, The Constitutional Protection of Capitalism (Oxford, Hast Publishing, 2010), pp. 3-4.
78) Ibid., p. 38.
79) 하이에크는 사회주의에도 케인즈의 수정자본주의에 의한 복지국가론에도 사회민주주의에도 반대하고 자유시장경제를 옹호하여 신자유주의 자본주의의 선구자로 인정되고 있다.
80) Nicol, op. cit., pp. 2-3.
81) 이러한 신자유주의를 기초로 하는 세계무역기구의 세계화 추구와는 달리 유럽연합(EU)은 시장자유주의(market liberalism)와 사회복지(social welfare)의 합리적인

이러한 신자유주의에 기초하여 상품과 금융자본의 자유이동을 통한 초국가적(transnational), 세계적인 경제자유화, 특히 상품과 금융과 서비스의 자유이동현상을 자본주의의 세계화(Globalisierung des Kapitalismus)라 한다.[82][83]

자본주의를 대체할 만한 대안의 경제체제는 아직 마련되어 있지 아니할 뿐만 아니라, 예상할 수 있는 장래까지 마련하기도 어려울 것이다. 그러나 신자유주의에 의한 이윤추구만을 극대화하려고 하는 자본주의를 취할 것이 아니며, 자본주의의 기본은 유지하되 이웃과 공동체를 배려하는 절제된 자본주의를 추구함이 이상적이라고 생각된다.

제 3 절 자본주의경제의 발전에 대한 민법의 기여

1. 상인자본주의의 발전을 위한 민법의 기여

경제가 하부구조이고 법은 상부구조이기 때문에 경제가 변하면 법도 바뀌게 된다. 그러나 법이 바뀜에 있어서는 경제가 바뀌고 바뀐 경제가 정착하여 운용이 될 때에 비로소 법이 바뀌어 정착한 경제상태를 법적으로 확실시 하는 것이 일반적인 현상이다. 때로는 정치의 급격한 변화에 의해서 변화된 정치를 뒷받침하기 위해 나중에 경제가 변화하는 경우가 없지는 않지만 일반적으로 법은 변화된 경

균형(reasonable balance)을 추구한다(See, Nicol, op. cit., p. 127).

82) Kocka, a. a. O., S. 84.

83) 이러한 자본주의 세계화의 시대인 오늘날은 자본주의가 헌법에 의해 보호받는 시대이다(Nicol, op. cit., pp. 1-2). 오늘날의 국제적인 거대자본에 의한 세계금융시장에서의 무차별적인 막대한 부의 축적현상을 신제국주의(Neo-Imperialismus)라고 비판하기도 한다(Vgl., Leidinger, a. a. O., S. 82).

제가 정상적으로 운용되도록 뒷받침하는 것이 일반적이다.

민법은 경제에 관한 가장 일반법이다. 상법이 민법에서 독립한 법 분야로 경제변화에 민감하게 변화를 하지만 민법은 경제변화에 가장 늦게 이를 확인하고 뒷받침하는 것이 일반법인 경제와 민법과의 관계의 상호관계이다.

역사를 거슬러 살펴보면, 로마제국의 경우 로마가 BC 202년 카르타고와의 제2차 포에니 전쟁에서 승리하고 지중해를 내해로 하는 상업국가로 발전하기 전에는 이태리 반도의 농업국가였다. 그러므로 제2차 포에니 전쟁의 승리 이전에는 정치적으로도 공화정을 이루었다. 그리고 경제의 중심이 농업이었기 때문에 자연히 법도 농업에 관한 법이 중심이었다. 이 기간 중 BC 451년에 제정된 12동판법의 내용도 거래법인 채권법은 소비대차에 관한 규정이 있었을 뿐이며, 농업에 관련된 상린관계 등에 관한 법이 많았다.[84] 다른 한편으로 당시의 게르만법은 게르만민족이 씨족, 부족 등 단체를 중심으로 농업을 영위하였기 때문에 농업에 관한 법이 발전하였으며, 거래법은 발전하지 못하였다. 농업법도 극히 단체주의적인 성격을 띠었다.[85] 그 결과로 토지소유권은 총유적인 소유권으로서 토지의 소유권은 단체가 갖고, 단체의 구성원인 개인은 토지를 수익할 수 있을 뿐이었다. 또한 개인은 권리능력이 인정되지 아니하고 오히려 단체가 권리주체로서 권리능력을 가졌다.

그 후 로마가 카르타고와의 포에니 전쟁에서 승리한 후 로마의 영토가 지중해와 북아프리카까지 확대되어 상업이 일어나게 되고 따라서 로마는 농업국가에서 상업국가로 발전하게 되었다. 이러한 시대의 변화와 함께 로마법도 상업법인 거래법, 즉 채권법이 발전하게

84) 김상용, 전게 서양법사와 법정책, 31－34면. 12동판법은 소비대차와 물권이외에도 혼인, 후견과 상속, 父權, 소송 및 집행절차, 불법행위와 형벌 규정, 노예해방, 장례에 관한 규정을 들을 규정하였다.

85) 김상용, 전게 사양법사와 법정책, 272면.

되었다. 특히 로마가 카르타고와의 전쟁에 승리한 후, BC 27년에 三頭政治를 마감하고 옥타비아누스가 元首(Augustus)가 되어 독재국가로 된 후에 로마를 동·서로마로 분리하기로 한 AD 284년까지의 원수정시대에 로마는 유럽과 영국까지 지배하는 대제국으로 발전함에 따라서 상업은 더욱더 발전하게 되었다. 그 결과로 로마법은 거래법이 크게 발전하게 되었다. 그 기간에 사상적으로는 그리스의 스토아 철학이 로마에 전수되어 사해동포적인 로마법으로 발전하게 되고, 따라서 이 기간에 로마법의 고전기를 이루었다. 그 결과로 로마법이 거래법으로 발전하고 그 내용이 사해동포주의적인 형제애의 정신을 담게 되었으며, 로마의 경제는 상업국가로 크게 발전하였다. 그리고 정치적으로 강력한 중앙집권적인 帝國을 이루었다. 또한 이 고전기에는 로마의 법학자들이 학설을 통하여 법을 발전시켰으며, 만민법, 명예법 등에 의하여 로마법, 그 중에서도 로마의 거래법인 채권법이 사해동포주의에 입각한 인류보편의 가치를 담은 법으로 발전하게 되었다.

이렇게 로마제국은 고전기에 영토가 가장 넓은 대제국을 이루었으며, 로마법도 법학자들에 의하여 가장 발전된 시대를 이루었으나, 기독교의 공인과 국교화, 동서로마 제국으로의 분열과 서로마제국의 멸망(AD 476)으로 로마법의 연구와 발전은 멈추게 되고 기독교의 신학연구로 학문의 중심이 바뀌게 되었다. 그러나 한편으로 동로마제국은 게르만 민족에게 빼앗긴 서로마제국의 영토를 회복하기 위한 노력과 함께 고전기 학자들에 의한 학설법이었던 로마법의 성문법전 편찬작업이 있었다. 그것이 바로 AD 527년부터 565년까지 집권한 동로마제국의 유스티니아누스 대제에 의한 법전편찬사업이었다. 유스티니아누스 대제에 의하여 로마法大全[86](Corpus Iuris Civilis)이

86) 로마법대전은 하나의 법전으로 구성된 법전이 아니라 구칙법휘찬(Codex), 학설휘찬(Digesta; Pandektae), 법학제요(Institutiones), 신칙법(Novelle)의 4개의 법전

편찬되었다. 그 로마법대전 중에서도 주로 고전기의 로마법학자들의 학설을 모아 편찬한 법전인 학설휘찬(Digesta; Pandektae)이 가장 중요하며, 그 학설휘찬이 로마법을 오늘 날까지 민법발전의 기초가 되었다. 이렇게 역사적으로 위대한 로마법대전이 편찬되었으나 동로마제국의 쇠퇴로 학설휘찬도 역사속에 묻이게 되었다.

그리고 기독교 신학은 종교개혁이 일어날 때까지 중세는 상업보다는 장원을 중심한 자급자족의 농업사회를 이루었다. 그 결과로 거래법보다는 농업법인 물권법이 지배하는 시대가 되었다. 이러한 중세의 기간 중에도 상업은 약화되기는 하였으나 중단된 것은 아니었다. 이처럼 중세는 기독교가 사상적으로 지배하고, 사회·경제적으로는 봉건사회를 이루어 장원을 중심으로 하는 자급자족의 농업경제가 중심이었으며, 농민인 농노들은 주군인 영주들과 授受託身關係를 이루어 영주의 토지수여에 대한 代價로서 주군인 영주에게 충성을 다할 것을 盟約한 충성의무를 부담하였으며, 농노는 수여받은 토지로부터 떠날 수 없는 신분구속적인 관계를 이루었다. 그러므로 인하여 토지소유권도 분할소유권에 기하여 주군이 상급소유권을 갖고 농노는 경작권을 가졌으나, 그 경작권도 권리가 아니라 경작의무였다. 그리고 주군과 농노와의 관계도 수수탁신관계에 기한 충성의무관계였기 때문에 중세의 봉건사회에서는 권리가 중심이 아니라 의무가 중심인 사회였다. 특히 중세의 분할소유권은 중세의 신분구속적인 장원경제를 이루기 위한 법적수단으로서 민법에서 이러한 분할소유권의 법이론을 제공하였다. 중세 로마법을 학문적으로 연구하기 시작한 주석학파(Glossatoren)의 법학자들이 소유권을 고유소유권과 준소유권으로의 2중소유권 이론을 창안하여, 보통의 소유권을 고

으로 구성되어 있으며, 1583년 복고주의 로마법학자였던 고토프레두스(Gothofredus)가 이 4개의 법전을 합하여 로마법대전이라는 이름을 붙였다. 이 4개의 법전 중에서도 가장 중요한 법전으로서 후세의 로마법발전에 기여한 법전은 바로 학설휘찬이었다.

유소유권이라 하고, 지상권, 영차권과 같은 제한물권을 준소유권으로 분류하였다. 그리고는 영주에게는 고유소유권을 농노들에게는 준소유권을 귀속시켰다.[87] 이러한 주석학파에 의한 고유소유권과 준소유권으로의 소유권의 분할은 중세의 분할소유권에서는 영주에게는 상급소유권이 농노에게는 하급소유권으로 그 이름이 바뀌어 각각 귀속하게 되었으며, 하급소유권은 권리라는 명칭이 부여되었으나 그 내용은 경작의무였다. 이러한 중세의 봉건사회에서의 농업경제를 자본주의의 입장에서는 농업자본주의(Agrarkapitalismus)라 이름붙이기도 한다.[88] 이는 일종의 국가자본주의(Staatskapitalismus)였다.

중세의 봉건사회의 자급자족의 농업경제체제하에서도 상인자본주의가 완전히 정지된 것은 아니었다. 십자군 전쟁의 시작으로 전쟁물자의 조달을 위한 상업이 일어나게 되고, 북유럽에서는 자유도시들의 한자동맹에 의한 상업이 일어나게 되었다. 그리하여 상인자본주의가 봉건시대 중에도 이어져 내려왔다.

이러한 중세의 십자군 전쟁의 시작과 함께 상거래에 필요한 법이 필요하였다. 그러나 게르만법과 중세의 봉건법이었던 장원법, 그리고 교회법은 상거래보다는 자급자족의 농업경제에 더 적절한 법이었다. 그 결과로 당시에 필요하였던 상거래법은 이미 오래전에 거래법으로 발전된 로마법이 이용될 밖에 없었다. 그런데 마침 1050년에 상거래의 법규를 담고 있었던 학설휘찬의 피사(Pisa)사본이 발견되었으며, 1088년에는 볼료냐(Bologna) 법학교가 개설되어 학설휘찬을 중심으로 법학교육이 이루어졌다. 그리하여 십자군 전쟁의 시작으로 필요로 하였던 거래법이 학설휘찬의 법학자들에 의한 주석을 통하여 시대에 맞게 발전하게 되어 중세의 상인자본주의 발전에 기여하였다.

상인자본주의 발전을 위한 구체적인 법제도들로서는 상거래에 필

87) 이에 관하여는, 김상용, 물권법, 제2판 (화산미디어, 2013), 98면.
88) Kocka, a.a. O., S.78.

요한 자금의 융통을 담보하기 위한 보증제도가 로마법에서 발전하게 되었으며, 도시법에는 도시장부의 이용에 의하여 담보제도로서 저당권이 행해지게 되었으며, 여성노동력의 활용을 위하여 여자에게도 권리능력을 인정하고, 부부재산제도로서의 부부재산공유제, 중개제도, 계약의 이행, 해제, 하자담보제도, 창고업, 부동산임대차, 회사제도, 어음, 화물수송, 파산 등에 관한 법이 발전하게 되었다.[89] 그리고 상인조합인 길드(Guild)와 수공업자조합인 쭌프트(Zunft)도 이 시기에 생성이 되었다.

무엇보다도 중요한 것은 이 시기에 로마법이 유럽대륙에 계수가 이루어져 도시법에서 발전된 거래제도가 유럽대륙에 확산되어 적용되지 아니하고, 계수된 로마법이 일반법으로 적용되어 상인자본주의 발전에 기여하였다는 점이다. 그리하여 로마계약법이 이 시기의 상거래에 크게 기여하였다.[90] 이 시기에 계수된 로마법은 유럽에서의 상거래의 시작과 함께 형성된 주석학파 등에 의하여 연구되고 주석된 거래법 중심의 주석로마법이었다.

2. 근대 초기자본주의 발전을 위한 민법의 기여

근대사회가 열리고 산업혁명에 의하여 산업자본주의가 시작되기까지의 약 300년 정도의 기간은 산업자본주의가 태동·발전할 수 있는 준비기였다고 평가된다. 먼저 신대륙의 발견과 종교개혁에 의하여 중세의 신중심의 시대에서 인간중심의 시대로 전환하게 되어 인간의 인격과 이성이 인정되고, 인간이성에 의한 자유로운 활동을 가능케 하는 계기가 마련되었다. 그리하여 신분구속적인 중세의 농노

89) 이에 관하여는, 김상용, 전게 서양법사와 법정책, 333면
90) Kocka, a. a. O., S. 36.

들이 시민으로서의 인격이 인정되었다.

그리고 계몽주의 사상가들과 근세 자연법사상가들의 활동으로 중세의 분할소유권을 하급소유권이 상급소유권을 흡수하는 방법으로 자유로운 소유권으로 전환할 수 있는 법사상을 발전시켰으며, 생산수단에 대한 자유사소유권을 인정하고 이러한 자유사소유권을 천부인권으로 인정하였다. 또한 종교개혁가 칼빈에 의하여 자기 노력에 의한 부의 축적을 인정한 개혁적인 기독교 사상의 인정과 확산에 의하여 상업활동에 의한 淸富의 정신을 신의 뜻에 부합하는 것으로 인정하였다. 그리고 자본주의를 지지하고 옹호하는 사회사상가들의 새로운 사상들이 신분에 구속되어 있던 개인을 농노의 신분에서 인격과 이성을 가진 시민의 지위로 격상시켰다.

또한 부의 원천을 농업생산에서 구한 중농주의에서는 농산생산물의 자유로운 거래를 인정하였다. 또 다른 한편에서는 중상주의에 의하여 국가권력의 비호를 받은 원거리 식민지 상업거래가 일어나 상거래에 의한 부의 축적을 용인하는 상업자본주의가 활발하게 일어났다. 이러한 농산물의 거래, 식민지정책에 의한 원거리 상업의 발전은 인간의 이기심을 자극하고, 이는 인간의 경제활동자유를 인정하는 것으로서 개인주의와 자유주의로 나아갈 수 있는 실체적 기초가 되었다. 그리하여 근대 초기자본주의하에서 이미 자본주의 정신이 성숙해 가고 있었다. 또한 이로 인하여 유산자 계층이 형성되어 근대사회는 유산자들의 인격과 재산을 보호하는 방향으로의 근대시민사회로 발전해 나갈 수 있는 조건들을 갖추어 나갔다.

반대로 인간의 인격과 자유를 억압한 절대왕정을 무너뜨릴 혁명적인 저항권 사상이 근대자연법의 내용으로 주장되고 인정되었으며, 이 저항권도 역시 천부인권으로 인정되었다. 그리하여 절대왕정을 무너뜨리고 유산자의 인격과 재산을 보호할 수 있는 근대시민사회로 나아갈 근대시민혁명 발발의 사회분위기도 성숙해 나갔다.

이와 같이 근대의 시작과 함께 중세의 신분구속적인 사회를 극복하고 자유로운 근대시민사회로 전환하고자 하는 사상과 사회적 여건은 성숙되어 갔으나, 중세의 신분구속적인 봉건사회가 완전히 극복되지는 못하였다. 무엇보다도 자본주의의 가장 중요한 요소인 생산수단에 대한 사소유권은 사상적으로는 인정되었으나 구체적인 실천은 주군의 상급소유권을 농노들의 하급소유권으로 흡수해서 자유로운 사소유권으로 전환함에는 농노들이 상급소유권을 매입하도록 함으로써 완전히 자유로운 단일의 사소유권의 형성이 완벽히 이루어질 수 없었다. 그리고 인간에게 자유인격과 이성을 인정하는 사상이 형성은 되었지만, 여전히 인간의 계층이 인정되고 계층에 따라서 인간의 권리능력의 차등이 인정되는 등족사회(Ständegesellschaft)를 이루어 모든 사람이 평등한 인격의 존재로 인정되는 자유로운 근대시민사회의 형성은 이루어지지 못한 상태를 유지하였다.

이와 같이 이 시기는 근대시민사회로 나아갈 수 있는 사상이 정립되고, 법원칙이 마련되고, 사회적 분위기는 마련되었으나 구체적인 근대시민사회의 실현은 대혁명을 거쳐서 비로소 이루어질 수 있었다. 따라서 근대 초기자본주의의 발전을 위한 민법에서의 기본원칙들은 마련되었지만 그러한 민법의 기본원칙들은 근대시민혁명에 의하여 구체제를 완전히 극복한 다음에야 비로소 입법이 이루어질 수 있었다.

그리하여 근대자본주의의 시대는 상거래 중심의 경제활동으로 부를 축적한 신흥 유산자들이 증대하고 그들의 자유로운 경제활동을 보장할 수 있는 사회상태의 도래를 기대하였지만, 봉건적 잔재를 완전히 극복하지 못한 상태에 있었기 때문에, 혁명에 의하여 봉건적 잔재를 완전히 제거하고 유산자가 사회의 중심세력이 되어 그들의 인격과 재산을 보호받고 또한 이를 법적으로 제도화할 수 있는 근대민법의 제정이 요청되는 시대를 이루었다.

3. 산업자본주의 발전을 위한 민법의 기여와 수정

산업혁명의 시작과 함께 시작된 산업자본주의사회에서는 그 前期에 형성되어 강화되어 왔던 인간의 인격과 이성의 인정, 인간의 자유와 평등, 생산수단에 대한 사소유권의 입법이 이루어졌다. 이러한 입법은 중세의 봉건사회의 잔재를 완전히 제거하고 모든 사람이 자유롭고 평등한 시민으로서의 자격이 인정되는 근대시민사회로서, 이러한 근대시민사회는 시민혁명이라는 대변혁을 겪어서 비로소 이루어졌다. 이처럼 구체제를 청산하고 시민에 의한 시민사회의 새시대를 여는 일은 자연스럽게 이루어진 것이 아니라 시민들의 저항권 행사에 의한 혁명의 방법으로 이루어졌다.

민법도 이러한 새로운 근대시민사회의 이상을 입법하여 산업자본주의 발전에 기여를 하였다. 근대시민사회도 절대왕정을 혁명으로 무너뜨림으로써 이룬 나라도 있고, 절대왕정을 형식적으로는 유지하면서 절대군주가 계몽주의의 영향을 받아 점진적으로 이룬 나라도 있다. 대표적으로 프러시아는 혁명에 의하여 절대왕정을 무너뜨린 것이 아니라, 계몽주의 사상의 영향을 받은 전제군주와 근대 자연법론자들의 자연법 사상에 의하여 근대민법으로 프로이센일반주법(ALR: 1794)을 제정하였다. 그리하여 프로이센일반주법에서는 봉건사회의 잔재인 분할소유권을 인정하고, 等族을 그대로 인정하여, 이상적인 근대민법으로는 입법하지 못하였다. 그러나 프랑스민법은 1789년 대혁명을 겪고 절대군주를 처형함으로서 혁명을 통하여 구체제를 무너뜨렸다. 그러므로 1804년에 제정된 프랑스민법전은 모든 사람의 평등을 인정하고, 법적인 행위의 자유를 인정하고, 완전한 자유사소유권을 인정하였다. 하급소유권자가 상급소유권자에게 대가를 지급하고 매입하여 자유사소유권으로 전환하였던 일도 상급소유권자의 장부를 불태워 버림으로써 대가를 지급하지 아니하고 무상으로 하급소유권에 상급소유권을 흡수[91]시키는 방법으로 자유로운 단일의 사소유권을 인정하게 되었다. 1811년에 제정된 오스트리아민법도 역시 오스트리아에서 혁명이 일어나지 아니하고 계몽적 전제군주에 의하여 민법전이 제정됨으로써 중세의 분할소유권을 그대로 인정하고, 봉건적인 토지제도[92]를 그대로 유지한 부분이 있다.

독일민법은 그 전신인 프로이센일반주법이 제정된 후 100여년이 지나서 독일에 계수된 로마법에 대한 학문적인 연구를 새롭게 한 판덱텐법학의 과정을 거치고, 산업혁명 이후의 자본가와 노동자간의 사회적 갈등과정을 거쳐서 제정되었기 때문에 개인의 자유와 자유로운 사소유권을 인정한 프랑스민법보다는 공동체를 위한 개인의 자유와 사소유권에 제한이 가해지는 방향으로 입법이 이루어졌다. 그러나 근본적으로는 계수된 로마법을 기초로 하여 산업자본주의의 고도화를 지원하는 내용으로 입법이 이루어졌다.

이와 같이 근대민법전은 산업혁명에 의한 산업자본주의의 발전과 산업자본주의 발전에 의한 대량생산과 대량소비의 소비사회로의 발전에 기여하였다. 근대민법이 산업자본주의와 상품의 대량거래의 발전에 기여하는 방법에 있어서, 사상적으로는 개인주의와 자유주의에 바탕을 두고, 이를 뒷받침하는 법원리로서는 계약자유의 원칙, 재산권절대의 원칙, 과실책임의 원칙을 입법하였다. 이러한 법원리를 모두가 개인과 기업의 자유로운 경제활동을 보장하는 법원리였다. 따라서 근대민법은 산업자본주의와 소비사회로의 발전에 기여하였다.

그러나 이러한 인간의 자유와 사소유권의 보장에 의해 생산과 소비가 증대되어 사회적으로 부의 창조와 증대라는 긍정적인 결과를 낳았다. 그리고 산업자본주의의 발전으로 사회는 보이지 않는 손에

91) 이를 appropriation이라 한다.
92) 영소작권(Emphyteuse), 은혜적 토지대여(Precaria) 등이 그 대표적인 예이다.

의해 조화롭게 발전할 것으로 믿었으나, 산업자본주의의 고도화는 자본가와 근로자의 계층대립이라는 사회문제를 초래하였다. 근대민법이 계약자유와 재산권 절대의 원칙을 입법하고 이를 보장하였으나, 생산수단을 갖지 못한 노동자들은 가진 것이라고는 노동력밖에 없는 자들로서 계약자유와 재산권 절대의 법원리는 생산수단을 소유한 자본가에게의 예속의 자유로 바뀌게 되었다. 이는, 각 개인(Mensch)은 그 능력에 차이가 있음에도 불구하고, 모든 사람(Person)은 동일한 능력을 가진 존재라고 전제한 때문이었다. 이러한 산업자본주의의 고도화에 의한 사회모순은 노동자들의 인간다운 삶을 보장하여야 한다는 사회정의의 새로운 이념에 의하여 수정되지 않을 수 없게 되었다.

구체적인 인간의 능력을 고려하여 계약자유의 원칙, 재산권 절대의 원칙, 과실책임의 원칙의 민법의 기본원칙은 이를 유지하면서도 노동자들의 인간적인 삶의 보장을 위한 사회정의의 실현을 위하여 이를 수정하여 契約公正의 원칙, 財産權相對의 원칙, 그리고 過失責任에는 無過失責任을 추가하는 방향으로 전환하게 되었다.

4. 금융자본주의의 발전과 신자유주의에의 민법의 기여와 한계

근대민법은 근대시민사회의 시대상을 반영한 민법으로서, 인간의 인격과 이성에 의한 자유로운 활동을 보장하고, 이러한 인간의 자유로운 활동을 가능케 할 수 있는 재산적 기초를 강하게 보호하는 것을 기본원리로 하여 제정되었다. 그리하여 근대민법은 계약자유의 원칙, 재산권절대의 원칙, 과실책임의 원칙을 구체적으로 실천할 수 있는 세부적인 법규정으로 입법을 하였다. 그러나 근대시민사회의 또 하나의 사상이었던 형제애, 박애의 정신은 민법의 입법에 크게 반영되지 못하였다. 다시 말하면 민법에서 인간상호간의 연대 내지 공동체를 강화할 수 있는 내용을 고려하지 못하였을 뿐만 아니라, 오히려 반대로 전통적으로 공동체적인 민법에서 인정되어 왔던 공동체를 위한 개인의 활동과 재산에 대한 제한을 의도적으로 제거하였던 것이다.[93] 그리하여 근대민법은 개인을 권리주체로 하여 그 개인에 자유로운 활동과 개인의 재산을 절대적으로 보호하는 내용으로 민법의 내용이 규정되었다. 왜냐하면 계약자유, 재산권의 절대적 보장 및 과실책임을 인정하고 보장하면 사회는 보이지 않는 손에 의해 조화롭게 발전하여 모두가 자유롭고 평화로운 삶을 꾸려 나가게 되어 사회전체적으로는 자연히 서로 사랑하는 사랑의 사회, 형제애의 사회가 될 것으로 믿었기 때문이었다.

그러나 근대산업자본주의의 고도의 발전에 따라서 근대민법의 계약자유와 재산권절대의 기본원리는 생산수단을 가진 자본가에게는 자유로운 경제활동을 보장하고 부를 축적할 수 있는 법원리로 기능하였지만, 가진 것이라고는 몸(노동력) 밖에 없는 노동자에게 이러한 법원리는 자본가에게의 예속의 자유로 기능하게 되어, 이러한 계약자유와 재산권 절대의 근민민법의 법원리는 자본가와 노동자간의 계급대립이라는 사회불안의 원인으로 작용하였다. 이러한 계급대립은 바로 형제애가 근대민법 제정의 사상적 기초이었음에도 불구하고 구체적인 근대민법전에서는 형제애의 정신을 실천할 수 있는 법

93) 대표적인 예를 들어보면, 근대민법전에서 토지소유권을 규정하면서 공동체를 위하여 인정되었던 전래의 토지에 대한 공법적인 규제를 의도적으로 전부 제거하고 오로지 자유롭고 절대적인 소유권으로 규정을 하였다. 근대민법전에서 토지에 대한 자유롭고 절대적인 소유권을 규정하였지만 현실에서는 공법적인 규제가 없는 근대민법에서 규정한 절대적인 자유사소유권은 존재하지 아니하였다. 그러한 규제는 공법에 의해서 이루어지도록 하고 민법에서는 오로지 절대적인 자유토지소유권으로 규정하였다. 그러므로 토지소유권을 통한 형제애의 사상의 실천은 민법을 통해서가 아니라 공법을 통해서 이루어나가도록 하였다고 평가된다.

규정을 충분히 입법하지 않았기 때문이라 판단된다.

이와 같이 근대민법은 공동체를 고려한 형제애의 정신을 실천할 수 있는 법규정의 입법을 소홀히 하고, 개인의 자유와 그의 재산의 절대적 보장을 강하게 입법을 하였다. 이러한 인간의 자유활동과 재산권의 절대적 보장의 입법은 인간은 선한 인격을 가진 인격적인 존재이고 이성을 가진 존재로서 이성에 의하여 이웃의 자유와 재산도 충분히 보호하면서 합리적으로 활동할 것이라는 인간에 대한 이해에 기초하였던 것이다. 그러나 인간은 선한 존재이면서도 동시에 이기적인 존재인 양면적인 인격의 존재이다. 그리고 인간의 이성은 항상 합리적이고 완벽한 판단에 이르는 것이 아니라 불완전하며 흠결이 있다는 점을 간과하였던 것이다. 그러나 근대민법은 인간에 대한 성선설과 이성의 완전성을 바탕으로 하여 제정되었다. 그러나 현실적으로 인간은 이기심에 의하여 활동, 특히 경제활동을 하였으며, 그 이기심에 의한 행위를 합리적인 이성에 의한 행위로 합리화하였던 것이었다.

산업자본주의는 인간의 이성에 의한 자유로운 경제활동과 부의 축적으로 이기심을 자극하는 방향으로 진행되었다. 그 결과로 과잉생산이 이루어지고 주기적인 경기침체가 발생하는 자본주의의 문제점을 노정하였다.

인간의 이성에 의한 이기심의 발현에는 한계가 없었다. 근대민법은 인간의 이기심에 의한 경제활동을 자유경제의 원칙으로 보호하였다. 인간에게 유해한 기술개발도 이성에 의한 자유로운 활동이라는 기치아래 보호하였다. 한 예로서 자살을 도우는 기계의 발명도 인간의 이성의 발현이라는 이름으로 방치하였다. 그리고 산업자본주의는 금융자본주의로 전환하여 금융을 가진 자가 경제활동의 모든 부문을 장악하는 방향으로 발전하여, 상품생산이 없는 부의 증대라는 미증유의 경제현상이 발생하게 되었으며, 지금 이러한 현상은 세계화라는 이름으로 세계에 확산되어 있다. 금융자본주의하에서는 각종의 증권상품, 파생상품의 개발, 금융의 세계적인 자유화, 거대 지하자본, 즉 소위 헤지펀드의 생성으로 극히 이기적인 경제활동이 이루어지고 있다. 이러한 금융자본주의의 극단적이 진행은 금융자본가들이 산업자본가를 지배하고, 세계적인 경제위기의 원인을 제공하며, 자본가과 비자본가의 양극화의 현상을 심화시키고 있다. 이러한 금융자본주의는 신자유주의 사상과 결합하여 기업이 국가를 이끌어가는 현상으로 발전하고 있다. 이는 바로 인간의 性惡인 이기심을 극대화한 경제현상으로서 이러한 악한 경제활동을 인간의 이성에 의한 합리적인 경제활동으로 용인하고 있는 것이다.

이와 같이 근대민법의 제정자들이 기대하였던 그대로 인간의 인격과 이성을 존중하고, 인간에게 법률행위의 자유와 사유재산을 절대적으로 보장하면, 인간의 性善의 심성에 의하여 전체 사회는 조화롭고 평화롭게 풍요를 구가하면서 보다 살기 좋은 이상적인 사회가 될 것으로 믿었으나, 인간의 이성을 선심의 발현으로만 본 것이 잘못이었다. 인간의 이성은 이기심의 발현으로 나타났음에도 불구하고 그것을 인간의 이성과 자유의 보장의 이념으로 보호한 것이 잘못이었다. 그리고 근대민법의 기초사상의 중요한 하나가 박애, 이웃을 배려하는 형제애의 정신임에도 불구하고, 그러한 형제애의 발현을 위한 법규정을 충분히 담지 아니하고, 그러한 형제애의 발현은 국가에 의한 공법적인 규제, 국제적인 인권협약 등의 방법으로 실현하고자 하였던 것이었다. 그리하여 근대민법은 선한 사람이 선하게 살아갈 수 있도록 입법은 되었으나, 그렇게 살아갈 수 있게 한 법이 아니라, 이기심을 발동하여 이기적인 경제활동을 가능케 하고 이를 보장하는 법으로 기능하게 되었다. 그것도 극단적인 수준의 이기적인 활동까지도 용인하는 방향으로 발전하였다. 물론 공정한 거래가 이루어지도록 하기 위하여 국가에 의한 규제와 감독이 강화된 것도 사실이다.

근대민법이 제정되어 시행된지 200여년이 지난 지금까지 많은 개정과 보완을 하였지만 그대로 시행되고 있다. 그리고 국가간의 교역의 확대를 위하여 세계화로 세계경제가 지역블록화 내지 全地球的인 통합의 방향으로 진행되고 있다. 이러한 세계화의 세계경제의 흐름에 따라서 민법 내지 사법도 지역적으로 및 전지구적으로 통일법, 특히 통일거래법이 제정되어 시행되고 있다. 그 방법으로는 국제조약으로 통일화하기도 하고, 리이스테이트먼트(Restatement)의 방법으로 통일화하기도 하여 경제의 세계화를 지원하고 있다. 세계적으로는 조약의 형식으로 1980년의 국제물품매매계약에 관한 국제연합협약(CISG: United Nations Convention on Contracts for the International Sale of Goods), 사법통일국제연구소(UNIDROIT)에 의한 1994년의 리이스테이트먼트 형식의 국제상사계약원칙(PICC: UNIDROIT Priciples of International Commercial Contracts)이 제정·시행되고 있으며, 지역적으로는 역시 리이스테이트먼트 형식의 1998년 유럽계약법원칙(PECL: The Principles of European Contract Law)이 세계적 또는 지역적 민법을 포함한 사법의 세계적인 통일화의 법들이며, 각국의 민법은 이러한 세계적 통일화의 민법 내지 사법의 법리를 국내법화하여 세계화의 시대의 흐름에 따라가고 있는 실정이다.

또한 국제연합은 세계적인 교역의 자유화를 촉진하기 위한 기구로서 국제연합국제거래법위원회(UNCITRAL: United Nations Commission on International Trade Law)를 창설하여 세계적인 거래법의 통일입법을 추진하고 있으며, 각 국가들은 양자간 또는 다자간에 자유무역협정(FTA: Free Trade Agreement)을 체결하여 양자간 또는 다자간의 거래의 확대 및 거래법의 조화를 추진하는 시대적 경향을 보이고 있다.

이와 같이 오늘날은 근대민법을 그대로 적용하고는 있으나 근대민법 제정시의 이상사회를 향한 이념에서 벗어나 국내적으로는 물론 국제적으로도 인간의 이기심을 자극하여 무한경쟁을 유발하고 있으며, 능력자와 비능력자가 양극화하여 사회불안의 원인을 제공하는 면이 없지 아니하다. 이는 근대민법의 사상적 기초였던 자유, 평등, 박애의 사상 중에 자유와 평등, 그 중에서 자유만을 극단적으로 발전시키고, 박애의 정신을 결여한 근대민법이 낳은 결과라 생각된다. 그 자유도 인간의 이기심을 극대화할 수 있는 자유를 이성의 발현으로 용인하고 있다. 물론 박애의 정신을 공법적인 규제 내지 국제적인 협약으로 이를 실행하고자 하지만, 국가도 결코 도덕적이지 못하고, 국제적인 협약도 각국의 국내에서 강하게 실행되지 못하고 있다고 판단된다. 그로 인하여 오늘날은 국내는 물론 세계적으로도 무한경쟁의 결과로 나타나는 양극화의 문제가 사회불안의 중요한 원인이 되고 있다. 이러한 사회적 불안은 이웃 내지 이웃국가에 대한 배려, 즉 사해동포주의적인 형제애의 정신과 그것의 제도화의 입법과 시행으로 극복해 나가야할 과제이다. 근대민법은 이러한 자유와 박애가 조화할 수 있도록 하는 박애 내지 형제애의 사상의 실천 법규정이 극히 미비하다고 생각한다. 박애정신의 실천 법규정이 미비된 근대민법을 200여년간 시행해 왔기 때문에 근대민법에서의 자유와 사소유권의 인정에 의하여 물질은 풍요해졌으나 정신은 완악하고 배타적인 성격이 강해지는 방향으로 바뀌어졌다고 판단된다.

장래의 민법의 발전방향은 자본주의의 장점인 생산의 증대와 창조적인 경제활동은 보장하고 보호해 가면서, 이웃에 대한 사랑인 형제애의 정신을 담아서 실천하여 모두가 함께 더불어 평화롭고 조화로운 사회를 만들어 모두가 행복을 누리면서 살 수 있는 법규정을 충실히 보완하여야할 것으로 생각한다. 박애의 정신은 고대 스토아 철학에서부터 시작이 되어 중세 기독교의 사상적 지주였으며, 기독교의 최고의 德目이나 아직도 민법에서 이를 충실히 실천하지 못하고 있다. 생각건대 향후는 節制된 자본주의, 善한 자본주의를 실천해 나가야할 것으로 생각한다.

제 5 장

근대민법의 기본원리의 수정

제 5 장 근대민법의 기본원리의 수정

제 1 절 근대민법 기본원리 수정의 사회·경제적 원인과 수정이론의 형성

1. 근대민법의 기본원리에 의한 사회·경제적 모순현상의 발생

근대사회는 시민사회로서 유산자가 사회의 중심세력을 이룬 사회였다. 유산자들은 시민혁명에 의하여 그들의 사회적 존재가치와 그들이 중심이 되는 근대시민사회를 이루었으며, 그들이 이룬 시민사회에서는 자유로운 경제활동이 가능한 계약자유가 인정되고, 사소유권의 인정과 사유재산제도의 보장에 의하여 부를 축적할 수 있게 되었다. 그리고 산업혁명에 의하여 그들 유산자들인 신흥부르주아지는 자유로운 경제활동과 사유재산의 보호에 의하여 더욱더 부를 축적하게 되었다. 그리하여 근대시민사회는 자본주의를 경제의 기본으로 하는 사회로서 산업자본주의 시대에 이르러서는 기계의 발명과 이용으로 생산수단을 소유한 유산자들은 막대한 부를 축적할 수 있게 되었으며, 해외식민지 경영을 통하여 본국에서의 생산물은 비싸게 식민지에 내다 팔고, 식민지로부터는 원료를 값싸게 구입할 수 있었다. 또한 식민지 원주민과 노예노동자들의 값싼 노동력을 확보할 수 있었다.

이렇게 근대시민사회가 열리고 산업자본주의하에서는, 현실적으로는 유산자들이 사회의 중심세력으로서 그들 유산자들의 인격과 자유활동 그리고 그들의 사유재산의 보호를 주된 원리로 한 사회였지만, 이념적으로는 모든 사람을 시민으로 인정하여 모든 사람을 인격적인 존재로 인정하고, 모든 사람에게 자유와 사소유권을 보장하였다. 그리하여 근대시민사회에서는 사람은 모두가 동일한 인격자로서 동일한 능력을 가진 사람으로 인정되었으며 동일하게 자유와 사소유권이 인정되었다. 그러나 현실적으로 유산자에게는 무한한 자유와 부를 누릴 수 있었지만, 무산자들인 노동자들에게는 자유가 아닌 유산자에게의 예속의 사회가 되었다. 사소유권을 인정하였지만 무산자들은 사소유권을 향유할 재산이 없었다. 무산자들이 가진 것이라고는 노동력뿐이었다. 노동력은 상품으로서,[1] 상품인 노동력의 대가도 계약자유의 원리에 의하여 그들의 생존을 위한 최소한의 임금수준을 넘지 못하였다.[2]

그리하여 근대시민사회는 이념적으로는 모든 사람이 평등하게 인격자이며, 자유로운 경제활동과 부를 누릴 수 있는 사회였지만, 현실적으로는 유산자들은 그것이 가능하였으나 무산자들인 노동자들에게는 불가능하였을 뿐만 아니라 유산자들에게로 예속이 되는 사회였다. 더욱더 근대시민사회가 자본주의를 국가경제체제의 기본으로 하였기 때문에 유산자와 무산자, 즉 자본가와 노동자간의 사회, 경제적 격차가 발생할 수밖에 없었다. 이러한 유산자와 무산자간의 사회경제적인 격차는 산업혁명으로 시작된 산업자본주의 시대의 진행에 따라서 자본가와 노동자간의 계급대립으로 발전하게 되었다.

이러한 노동자와 자본가 간의 계급대립의 민법에서의 근본원인은 현실속의 구체적인 인간(Mensch)은 동일하지 않음에도 불구하고, 추

1) 칼 맑스는 노동력을 상품으로 파악하였다(Vgl., Leidinger, Moritz, a. a. O., S. 66).
2) 이처럼 자유주의는 본질적으로 弱肉强食(predatoriness)의 특질이 있다고 진단하는 견해도 있다(Vgl., 조순, 전게논문, 214면).

상적으로 모든 사람을 동일한 인격자(Person)로 인정하고, 모든 사람에게 계약자유와 사소유권을 보장하고 보호하였기 때문이었다. 이렇게 모든 사람을 인격자로 인정하고 그들에게 자유와 사유재산의 인정은 중세의 신분구속적인 사회를 극복하는데는 유효하게 기능하였으나, 새로운 사회인 근대시민사회에서는 유산자들에게는 유용한 법원리로 작용하였지만 무산자들에게는 자유와 사소유권을 향유할 대상을 가지고 있지 못하였기 때문에 유산자들에게 隸屬될 수밖에 없었다.

그러므로 노동자들도 인간다운 삶을 살 수 있도록 하는 새로운 사상과 이념이 필요하고, 그 새로운 이념에 부합되게 근대민법의 기본원리도 수정되지 아니할 수 없었다.

2. 사회주의의 대두와 사회주의의 자본주의에 대한 비판

근대 초기자본주의가 산업혁명에 의하여 산업자본주의로 이행함으로써 사회전체의 부는 증대하였으나, 그 증대된 부가 자본가에게 귀속하고 임금노동자들에게는 생존에 필요한 최속한의 富도 가질 수 없는 사회적 모순이 발생하고 더욱더 심화되어 갔다.[3] 또한 노동자들은 공장제 생산이전 단계의 수공업 시대에 그들이 가졌던 인간으로서의 긍지와 긴밀하였던 인간관계도 상실하게 되었다.[4] 이러한 자본가의 부의 축적과 향유 및 노동자들의 빈곤과 인간관계의 상실은 근대민법이 기초한 기본원리에 의한 합법적인 결과이자 현상이었다. 그러나 그러한 현상은 노동자들의 인간적인 삶을 위한 사회정의(social justice)에 반하는 결과이자 현상이었다.

이러한 사회의 모순현상은 자본가와 노동자의 계급대립으로 나타

3) 프랑스의 정치철학자 트록크빌(Alexis de Troqueville: 1805－1859)은 문명은 기적을 낳지만, 문명화된 인간은 다시 거의 야만적인 상태로 되돌아 간다고 당시의 사회상을 묘사하였다(Vgl., 정연주 역, E. K. Hunt 저, 전게서, 74면).

4) 정연주 역, E. K. Hunt 저, 전게서, 71면.

나게 되었으며, 이러한 계급대립은 자본주의의 발전에 따른 내재적 모순의 현실화였다. 맑스는 사회계급간의 적대감이 역사진행의 원동력이라고 하였다. 그리하여 그는 지금까지 존재해 온 사회의 역사는 계급투쟁의 역사라고 피력하였다.[5] 이러한 계급대립을 극복하기 위한 사상과 운동은 사회주의를 낳게 되었으며, 이러한 모순은 자본주의에 근거하였기 때문에 사회주의자들은 노동자들의 인간다운 삶을 위한 사회정의의 실현을 위하여 자본주의를 비판하게 되었다. 자본주의의 핵심내용이 생산수단에 대한 사소유권(Privateigentum)의 보장이며, 그러한 사소유권은 착취적인 소유권으로서 생산수단의 사소유권이 자본가들인 유산자들에게 귀속되어 있기 때문에 사회주의자들은 사소유권이 노동자와 자본가의 계급대립을 낳는 근본원인으므로, 자본가에게 귀속되어 있는 사소유권을 폐지하고 이를 공동체소유권(Gemeinschaftseigentum)으로 전환하여야 한다고 주장하였다. 또한 노동자들은 기계파괴운동(Luddite Revolt)을 전개하였으며, 정부와 법률도 노동자들을 착취하는 기구와 무기일 뿐이므로, 이러한 상태를 극복하기 위한 노동자들이 할 수 있는 일은 혁명이라고 하였다.[6]

자본주의를 비판한 사회주의(Sozialismus)는 자본주의의 반대개념으로서 1847년에 이민자, 수공업자, 지식인 등으로 구성된 근대 시민자유주의를 넘어설 사상과 이념을 찾은 비밀단체였던 정의자동맹[7](Bund der Gerechten)에서 처음으로 사용되었다.[8][9] 사회주의자들의

5) 상게서, 94면.

6) 상게서, 85, 89면.

7) 정의자동맹은 1836년에 결성되어, 유럽에서의 사회주의와 공산주의 운동의 싹이 되었다. 그 후에 칼 맑스와 엥겔스의 영향을 받아 공산주의자동맹(Bund der Kommunisten)으로 그 이름이 바뀌었다. 정의자동맹의 이론적 창시자는 독일의 공상적 사회주의자 봐이트링(Wilhelm Weitling: 1808－1871)이었다.

8) Hannes Leidinger, Verena Moritz, Sozialismus(Köln, Böhlau Verlag, 2008), S. 9.

9) 맑스와 엥겔스는 그들 스스로를 사회주의자(Sozialisten)라 하지 않고 공산주의자(Kommunisten)라고 하였다. 맑스와 엥겔스에게 있어서는 사회주의와 공산주의를 동일한 개념으로 사용되었다(Vgl., a. a. O., S. 10).

주장의 핵심적 내용은, 자본주의는 생산수단의 사소유권의 인정과 경쟁을 본질적 내용으로 하는 경제체제이며, 이러한 자본주의 경제체제하에서는, 생산수단을 가진 자본가 계층과 임금노동에 의한 노동자계층이 생기는 것이 본질적인 특징이며,[10] 이러한 자본주의는 노동자들에게는 살아남기 위한 기회의 불평등(ungleiche Überlebenschancen)의 원인을 제공한다고 비판하였다.[11] 그리고 사회주의자들은 이와 같은 계층간의 불평등인 계급차이는 인간의 본성(menschliche Natur)에 기인하는 것이 아니라 사회의 역사적 발전, 특히 경제체제의 구조에 기인한다고 하였다.[12] 자본주의 경제체제에서는 노동자들의 노동력에 의하여 상품의 가치가 창조되지만,[13] 노동력에 의하여 창조된 잉여가치(Mehrwert)를 노동자에게 모두 주지 않고 자본가들이 임금부분을 제외한 나머지를 모두 취하여 부를 축적한다고 비판하였다. 이것이 바로 생산수단을 소유한 자본가들의 노동자에 대한 착취(Ausbeutung)라고 하였다. 그리하여 사회주의자들은 풍요속의 평등을 사회주의의 이상으로 주장하였다.[14] 이와 같이 사회주의자들은 풍요속의 평등을 실현하기 위하여 생산수단에 대한 사소유권의 폐지 및 사유재산제의 폐지, 금전임금에 의한 노동력 매매의 폐지와 생활, 특히 경제생활에서의 자율적 관리의 실천을 주장하였다.[15] 이와 같이 사회주의는 자본주의에 의한 노동자들의 인간불평등에 대한 저항이었다.[16]

10) Ernst Mandel, Einführung in den Marxismus, 7. Aufl(Köln, Neuer ISP Verlag, 2002), S. 17.
11) A. a. O., S. 14.
12) A. a. O., S. 16.
13) 사회주의 생성이전에 이미 아담 스미스와 리카르도가 노동에 의한 가치창조, 즉 노동가치설을 주장하였다(Vgl., Leidinger, Moritz, a. a. O., S. 64; 김동일 편역, 전게서, 185면).
14) Mandel, a. a. O., S. 27.
15) A. a. O., SS. 169－170.
16) 영국에서는 1799년에 단체결성법(Combination Act)을 제정하여 노동자들의 단체결성과 단체행동을 금지하였다(Vgl., 정연주 역, E. K. Hunt 저, 전게서, 76면).

노동자들은 자본의 사적소유를 제거함으로써 모든 인간이 존엄하고 평등하게 대우를 받고 생산의 결과가 평등하게 분배되는 사회를 이룩할 것을 요구하였다.[17]

또한 사회주의자들은 어느 시대이고 계급대립은 있었으며,[18] 그 시대의 이데올로기는 당시의 지배계급의 지배를 정당화하는 내용이었으며, 그러한 지배이데올로기는 이데올로기 생산자(Ideologieproduzenten)들에 의해서 만들어 진다고 하였다.[19] 법도 그 시대의 지배계급의 이익을 보호하고 지배를 옹호하는 내용으로 구성되어 있다고 비판하였다. 자본주의하에서는 지배계급인 자본가계급의 노동자계급에 대한 지배를 정당화한 이론이 바로 근대자본주의 사상 내지 근대시민사회의 지도사상이었으며, 그러한 자본주의 이데올로기 사상의 생산자들은 성직자, 공무원, 교사, 철학자, 문필가 들이라고 하였다.[20] 그리고 국가는 지배계급의 지배도구로서 기능하며, 또한 지배이데올로기에 의해 이데올로기 통합(ideologische Integration)의 기능을 수행한다고 비판하였다.[21] 그리고 근대시민사회의 법도 역시 지배계급인 자본가의 이익보호와 노동자계급에 대한 지배를 정당화하는 원리와 내용으로 구성되어 있다고 비판하였다.

이러한 사회주의자들이 가장 강하게 주장한 것은 착취적인 사소유권의 폐지였다. 사유권을 폐지함에 있어서도 이를 사회화(Vergesllschaftung)하여 공동체 소유권으로 옮아 가자는 사회주의와 사소유권을 일시에 혁명적 방법으로 몰수하여 인민소유권으로 옮겨야 한다는 사회주의로 나누어졌다. 前者를 주장한 사회주의는 소위 공상적 사회주

17) 정연주 역, E. K. Hunt 저, 전게서, 91면.
18) 역사적으로 살펴보면, 고대에는 노예와 노예소유자간의 계급대립, 중세에는 농노와 봉건영주간의 계급대립, 근대에는 노동자와 자본가간의 계급대립으로 이어져 왔다(Vgl., a. a. O., S. 19)
19) Mandel. a. a. O., S. 33.
20) A. a. O., S. 33.
21) A. a. O., S. 35.

의로서 집단적 소유권에 기초한 평등한 사회를 이루고자 하는 유토피아적 사회주의(utopisches Sozialismus)를 구하였으며 근대적 사회주의(modernes Sozialismus)의 전신이었다.[22] 공상적 사회주의는 그 후의 과학적 사회주의와는 달리 생산관계에 대한 분석을 하지 아니한 채 자본가와 노동자간의 계급대립의 사회문제를 초래한 자본주의의 모순을 집단적 소유권의 방법으로 극복하여 모든 사람들이 평등한 이상사회를 이루고자 하였다. 이러한 공상적 사회주의자로서는 토마스 모어(Thomas Morus: 1478－1535), 로버트 오웬(Robert Owen: 1771－1851), 푸리에(Charles Fourier: 1772－1837), 생시몽(Claude Henri de Rouvroy Saint－Simon: 1760－1825) 등이었다.[23]

과학적 사회주의(scientific socialism)는 맑스와 엥겔스가 그들이 주장한 사회주의를 이렇게 칭하였으며, 그들은 생산관계를 생산수단에 대한 각 계급간의 인간관계로 이해하고, 다시 그 인간관계는 생산수단에 대한 소유와 생산활동의 열매에 대한 분배를 그 내용으로 한다고 주장하였다.[24] 그리고 과학적 사회주의는 공상적 사회주의와는 달리 자본주의 생산관계에 의하면 생산수단의 사소유권의 인정에 의하여 사회·경제는 구조적으로 자본자계급은 노동자계급을 지배하고 착취할 수 있는 지배구조로 조직되어 있으며, 노동자들의 노동에 의하여 생산되는 잉여가치를 자본가들이 착취하여 그들의 부를 축적하는 생산방식이 바로 자본주의이기 때문에, 자본주의의 핵심적 요소인 생산수단에 대한 사소유권을 일시에 혁명적인 방법으로 인민소유권으로 옮겨 모든 사람이 평등한 사회를 실현할 것을 주장한 사회주의이다. 이러한 맑스 엥겔스의 과학적 사회주의는 1847년 그들의 공산당선언(Das kommunistische Manifest)에서 밝히고 있다.[25]

---

22) A. a. O., S. 92.
23) A. a. O., S. 91.
24) 정연주 역, E. K. Hunt 저, 전게서, 93면.
25) Mandel., a. a. O., S. 92.

이와 같이 자본주의를 자본가와 노동자의 계급대립의 생산방식으로 파악하고 이를 반대한 사회주의 사상의 생성의 배경에는 역사적으로 선행하는 여러 사상이 영향을 미쳤다. 가장 먼저 플라톤의 이데아론이 사회주의 사상의 형성에 영향을 주었다. 플라톤은 사소유권의 인정에 반대하였으며,[26] 이데아의 세계는 이상사회로서 사회주의자들이 사회주의에 의하여 이룩하고자 하는 유토피아[27]와 같은 세계였다. 그리고 룻소도 사회주의 사상의 형성에 부분적으로 기여하였다. 룻소는 인간은 이기적이 아니라 사교적임을 인정하고, 자본주의의 특징인 분업과 사소유권을 반대하였다.[28] 그러나 룻소는 사소유권을 반대하였지만 소유권의 집단화를 고려하지는 않았다.[29] 사회주의 사상의 형성에 가장 큰 영향을 준 사상은 아마도 헤겔의 절대정신(absolutes Geist)의 사상과 변증법(Dialektik)일 것이다.[30][31] 헤겔은 역사발전에는 역사를 움직이는 절대정신이 있으며, 절대정신의 자기실현 과정이 바로 역사라고 하였다. 절대정신이란 신의 섭리와 같은 것으로서 절대정신은 처음에는 "무엇을 해야 한다"는 생각에 지나지 않지만, 역사를 통해 점점 자신의 모습을 구체적으로 드러내 간다고 한다. 프랑스 혁명은 자유, 평등, 박애라는 추상적인 이

26) Leidinger, Moritz, a. a. O., S. 22.
27) Utopia란 말은 토마스 모어가 처음으로 사용하였다(Vgl., a. a. O., S. 55).
28) A. a. O., S. 43.
29) A. a. O., S. 43.
30) A. a. O., S. 64. 이와 같이 헤겔은, 현실은 객관적 절대자의 존재를 전제로 해서만 이해가 가능하다고 하였다. 그러므로 헤겔철학은 절대자를 전제로 한 철학이었다. 그러나 그 절대자는 존재는 하지만 인간이 인지할 수는 없다고 하였다(Vgl., Manfred Pascher, Einführung in den Neukanianismus (München, Wilhlem Fink Verlag, 1997), S. 24).
31) 헤겔은 물질적인 자연은 그 존재형태에서의 이념이라고 하였다. 그리하여 헤겔은 현실적인 것은 이성적이고 이성적인 것은 현실적이라고 하였다(Vgl., Ralf Dreier, Zum Begriff der Natur der Sache (Berlin, Walter De Gruyter & Co., 1965), SS. 32-33). 이는 결국 현상과 본질을 동일한 것의 양면으로 이해한 것이다. 이 말은, 역사는 이념과 정신이 현실로 전개됨을 의미한다(Vgl., 김동일 편역, 전게서, 97면).

상이 역사를 통해 구체적인 형태로 실현된 사례로 이해한다. 그리고 변증법은 正(These), 反(Antithese), 合(Synthese)의 역사진행의 원리로서 자본주의에 대하여 사회주의가 이를 반대하여 그 다음에는 合으로서 공산주의로 발전하게 된다는 것이다. 또한 다윈의 진화론도 사회주의의 혁명이론에 사상적 기여를 하였다.[32)]

이와 같은 자본주의를 비판하고 계급대립이 없는 이상사회의 실현을 위한 사회주의 사상과 사회주의 운동은 국내 뿐만 아니라 유럽대륙과 영국 모두에 걸쳐서 국제적으로 확대되어 활발히 일어났다. 그리하여 19세기 후반기와 20세기 초의 시기는 자본주의가 유지되면서도 자본주의에 반대하는 사회주의 사상과 사회주의 운동이 유럽을 지배한 경제사상이었으며 동시에 사회사상이었다.[33)]

3. 사회민주주의에 의한 자본주의의 부분적 수용과 자본주의 내에의 반성

(1) 사회민주주의에 의한 자본주의의 부분적 수용

자본주의를 전면적으로 부인하고 사회주의 사상과 운동이 혁명사상과 혁명운동으로 발전해 나감으로써 사회적 혼란이 가중되었다. 이는 자본가와 노동자간의 극단적인 계급대립으로 나타난 것이었다. 이러한 사회혼란 중에 사회주의에서 자본주의를 전적으로 부인할 것이 아니라 사회주의를 원칙으로 하면서도 자본주의의 요소를 인정하자는 온건한 사회주의가 생성이 되었다. 이러한 온건한 사회주

32) Leidinger, a. a. O., S. 66.
33) 국제적인 사회주의 운동이 인터네셔널(International)이었다. 인터네셔널은 국제노동자협회(International Working Men's Association)의 약칭이며, 1차 인터네셔널은 1864년 런던에서 개최되었다.

의를 배태한 사상이 바로 사회민주주의(Sozialdemonkratie)였다. 사회민주주의(社會民主主義) 또는 사민주의는 페르디난트 라살레(Ferdinand Lassale: 1825–1864)가 제창한 국가사회주의[34](Staatssozialismus)를 모체로 하여 정통사회주의에서 갈라져 나온 이데올로기로서 에두아르트 베른슈타인(Eduard Bernstein: 1850–1932)이 발전시킨 사회주의로서, 혁명 대신 의회민주주의 정치를 통해 점진적인 방법으로 자본주의의 문제점들을 개혁해 나가고자 한 온건한 사회주의 사상이다. 사회민주주의는 수정주의적 마르크스주의로서, 베른스타인은 사회주의에서의 혁명의 필연성과 자본주의적 생산방식의 붕괴사상을 포기할 것을 주장하고, 자본주의적 생산방식을 인정하고, 시장경제로의 개혁을 추구하였다.[35]

이러한 온건한 사회민주주의 사상은 사회주의를 기반으로 하면서 자본주의의 요소를 부분적으로 수용하여 시장경제로의 이행을 목표로 하는 사회주의개혁사상으로서, 이러한 사회민주주의 사상은 정치에도 영향을 주어 유럽각국에서 사회민주주의정당의 결성으로 이끌었다. 독일에서는 1863년에 라살레의 주도로 일반독일노동자단체(Allgemeiner Deutscher Arbeiterverein)이 결성되고, 1878년에는 사회주의노동자당(Sozialistische Arbeiterpartei)이 결성되었으며, 1890년에는 이 사회주의노동자당이 독일사회민주당(SPD: Sozialdemokratische Partei Deutschlands)로 당명을 바꾸었으며, 독일사회민주당이 바이마르공화국 건국의 주역이 되어 집권을 하여 바아마르공화국헌법을 입법하였다. 이 바이마르공화국 헌법에서 근대민법의 기본원리를 수정하는 법원칙이 입법이 되었다.

영국에서는 혁명적 사회주의를 반대하고 점진적 사회개혁을 주창

34) 국가사회주의는 정부(즉, 국가)주도로 노동자의 노동여건의 개선, 빈부격차 완화를 이루고자 한 개량적 사회주의의 사상이다

35) Leidinger, Moritz, a. a. O., S. 74.

한 페비아니즘(Fabianism)을 주장하는 사람들이 1884년에 페비안협회(Fabian Society)를 창설하고, 1900년에는 영국노동당이 결성되어, 사회민주주의를 지향하였다. 그리고 스칸디나비아 제국에서는 강한 사회복지국가를 지향한 사회민주주의를 실행하였다.[36)]

이와 같이 정통사회주의[37)]에서 자본주의를 부분적으로 인정하는 온건사회주의로의 사상적 변화와 함께 유럽 각국에서는 노동자들의 인격을 보호하고 인간다운 삶을 살 수 있도록 하는 사회개혁조치들을 취하였다. 1819년에 영국에서는 오웬의 영향을 받아 노동자보호법(Arbeiterschutzgesetz)이 입법되고,[38)][39)] 독일에서는 비스마르크가 국가사회주의를 선언한 후에 1880년대에 사회입법을 하였다. 사회입법에서는 의료보험, 사고보험, 장애보험, 노령보험의 시행을 내용으로 하였다.[40)]

이러한 사회민주주의가 세력을 얻어가고 집권을 하게 되자 사회민주의주의 사상을 자본주의자들도 용인하는 태도를 취하였으며, 법학자들도 사회민주주의의 사상에 터잡아 자본주의경제에 적합한 근대민법의 기본원리를 수정하게 되었다. 그리하여 소유에 대한 사회적 책임이 강조되어,[41)] 생산수단에 대한 사소유권의 절대적 보장은 공동체의 복리를 위하여 제한할 수 있는 재산권상대의 원칙으로 전환하도록 하고, 계약자유의 원칙은 계약당사자의 힘의 대등

36) A. a. O., S. 78.
37) 정통사회주의는 칼 맑스의 이론을 이어받아 노동자혁명으로 사소유권을 폐지함으로써 자본주의를 극복할 것을 주장한 사회주의로서 로자 룩셈부르크(Rosa Luxemburg: 1871-1919)와 리프크네흐트(Karl Liebknecht: 1871-1919)등이 이에 속한다. 그들은 자본주의를 없애기 위한 점진적 개혁은 환상이라고 비판하고 사회민주주의를 용납하지 않았다(Vgl., Mandel, a. a. O., S. 104).
38) Leidinger, Moritz, a. a. O., S. 53.
39) 영국에서는 1795년에 기독교 윤리에 기초하여 노동자의 최저임금의 법제화(Speenhamland Act)가 이루어졌다(Vgl., 정연구 역, E. K. Hunt 저, 전게서, 57면).
40) Leidinger, Moritz, a. a. O., S. 70.
41) 소유에 대한 사회적 책임의 강조는 1881년 영국의 철학자 그린(Thomas Hill Green: 1836-1882)이 강하게 주장하였다(Vgl., 김동일 편역, 전게서, 199면).

을 유지할 수 있도록 하고 계약내용이 공정할 수 있도록 하는 계약정의(Vertragsgerechtigkeit)의 법리를 개발하여 형식적인 계약자유에서 실질적인 계약자유를 실현하도록 계약자유의 원칙에서 계약공정의 원칙으로 수정하는 계약법 이론이 개발되었다. 그리고 과실책임의 원칙은 그 원칙은 유지하지만 무과실책임을 넓게 인정하는 보완이론과 입법이 이루지게 되었다.

이러한 근대민법의 기본원리의 수정은 자본주의가 낳은 자본가계층과 노동자계층의 계급대립에서 노동자계층을 대변한 사회주의, 그 중에서도 자본주의의 요소를 부분적으로 인정하면서 시장경제내에서 계급대립의 문제를 노동자를 보호하는 사회복지의 실현으로 해결하고자 한 온건한 사회주의인 사회민주주의에 의해서 일어나고, 자본주의 옹호자들이 사회민주주의의 수정원리를 받아들임으로써 이루어지게 되었다. 이와 같이 근대민법의 기본원리의 수정은 자본주의 법학자들의 스스로의 노력으로 이루어진 것이라기보다는 사회주의자들, 특히 사회민주주의자들에 의해서 이루어진 것이다. 결국 자본주의를 지킨 것은 자본주의가 스스로 자신을 수정하여 유지된 것이 아니라, 사회민주주의가 자본주의 요소를 부분적으로 용인함으로써 지켜진 것이다.[42]

(2) 자본주의내에서의 반성

자본주의를 혁명에 의해서 없애버려야한다는 급진적인 사회주의

42) Leidinger, Moritz, a. a. O., S. 14. 사회민주주의에 의하여 자본주의가 지켜지다가, 나치스의 전체주의가 제2차 세계대전에서 자본주의국가인 미국 주도의 연합국이 승리함으로써 자본주의의 강화 내지 자본주의의 세계화가 시작되고, 1990년대초에는 舊쏘련을 위시한 동구사회주의국가의 몰락으로 자본주의가 사회주의와의 체제경쟁에서 승리함으로써 자본주의는 신자유주의의 영향을 받아 무한경쟁을 강화하는 자본주의로 발전해 나아가고 있는 중이다. 그러나 무한경쟁의 자본주의는 한편으로 사회적·경제적 강자와 사회적·경제적 약자간의 양극화의 심화라는 국내 및 세계의 문제를 초래하고 있다.

에 대하여 자본주의를 부분적으로 수용하여야 한다는 온건한 사회민주주의가 대두하고, 이와 같은 시기에 자본주의 자체내에서 자본주의를 수정하여야 한다는 반성의 주장이 나타났다. 자본주의의 핵심은 경쟁이었으며, 경쟁을 통하여 사회적 부의 축적을 이루었다. 그리하여 자본주의에서는 경쟁은 그 다음 세대가 이 이전 세대보다 우월하게 되는 목적론적 과정으로 이해하고 경쟁을 부추켰다.[43] 대표적으로 영국의 자유주의적 사회진화론자였던 스펜서(Herbert Spencer: 1820－1903)는 무역, 상업, 생산 또는 부나 소득의 분배를 간섭하는 정부와 그 어떤 행동도 절대적으로 반대한다고 하였으며, 경쟁을 강화하기 위하여 대규모의 독점적, 과점적 기업들의 출현은 바로 사회적 진화의 결과라고까지 하였다.[44] 그리하여 경쟁은 경쟁을 불러 경쟁을 강화하여 위하여 기업이 결합하는 현상이 발생하고, 경쟁에서 탈락한 기업은 도퇴되는 사회적인 낭비의 문제가 발생하게 되었다. 경쟁으로 인하여 기업들도 경쟁에 이기기가 힘들었지만 노동자들의 고통은 극심하게 되었다. 이러한 노동자들의 고통과 비참함은 물질적 궁핍으로 인해 주로 발생하였다.[45] 그 결과로 자유방임적인 자본주의에 대한 반성이 일어나게 되었다.

19세기 말 20년에서 20세기 초 3년에 이르기까지는 경쟁에서 이긴 기업가가 가장 존경받는 사회적 지위를 누린 시기였다.[46] 그러나 점차 경쟁은 반사회적인 것으로 생각하기 시작하였으며, 협력을 통해 경기순환도 제거할 수 있고, 가난한 사람들의 곤궁도 개선할 수 있다는 생각이 확산되기 시작하였다. 특히 가톨릭 교회에서는 교황 레오(Leo) 13세(1878－1903 재위)가 당시의 자본주의 경쟁사회는 사랑과 우호의 기독교 선으로 돌아감으로써 문제가 해결될 수 있기를 소망하

43) 정연주 역, E. K. Hunt 저, 전게서, 147면.
44) 상게서, 148면.
45) 상게서, 180면.
46) 상게서, 150면.

는 호소를 하였으며, 기업가의 아들이었던 개신교의 로렌스(William Lawrence:1893-1927) 목사는 하나님에 대한 신앙은 부와 관계가 있으나, 도덕적 인간만이 부를 얻을 수 있다고 하였다.[47] 그리고 경제학자 케인즈는 자본주의는 세금을 거두고 돈을 빌리고 그 돈을 지출할 수 있는 정부의 힘을 현명하게 사용함으로써 구원될 수 있다고 하여,[48] 국가의 간섭을 배재한 고전자본주의에서 수정자본주의로의 대대적인 변화를 촉구하였다.

그리고 케인즈에 의하면, 경제는 과거의 고전경제학이 가르치는 것처럼 시장을 통한 스스로의 조정능력에 의존할 수 없으며, 정부의 개입으로 조정될 수 있다고 하였다. 또한 케인즈에 의한 새로운 경제학은 불균형 예산을 필요로 하며, 정부가 과잉지출을 해서 경제흐름이 막히지 않도록 하여야 한다고 하였다.[49] 그리하여 자유시장경제에 정부의 개입을 요구함으로써 자유시장경제를 뒷받침하였던 근대민법의 기본원리가 수정을 하지 아니할 수 없게 되었다.

이와 같이 경쟁을 통하여 부가 소수의 사람에 집중하게 되고, 노동자들의 삶이 피폐하게 되는 사회적 낭비와 피해를 제거하여야 전체사회에 이익을 가져다준다는 생각이 사회적으로 확산되었다. 그리하여 자본주의 자체 내에서 경제활동에 있어서 국가간섭 배제의 고전적 자본주의에서 경제활동에 있어서 국가의 적극적인 개입을 용인하고 요청하는 방향으로 수정하여야 한다는 자본주의의 반성이 일어나게 되었다.

47) 상게서, 153면
48) 상게서, 222면.
49) 김동일 편역, 전게서, 317면.

4. 근대민법의 기본원리의 수정이론의 형성과 구제적인 실천입법

자유, 평등, 박애의 근대시민혁명의 사상에 기초하여, 근대민법은 그 기본원리로서 자유주의와 개인주의의 시대사조를 민법의 기본사상으로 하여 이를 실천할 수 있는 기본원칙으로 재산권 절대의 원칙, 계약자유의 원칙, 과실책임의 원칙을 정립하고, 이를 실현할 수 있는 구체적인 법규정으로 근대민법이 입법이 되었다. 근대시민혁명 사상 중 자유와 평등은 자유주의와 개인주의 사상으로 실현되고, 자유주의와 개인주의 사상을 구체적으로 실천할 수 있는 민법의 기본원리도 정립이 되고, 민법의 구체적인 법규정도 이에 부합되게 입법이 되었다. 그러나 박애의 혁명사상은 시민혁명의 슬로건이었으나 법에서의 박애의 실천은 개인주의와 자유주의를 인정하고 이를 실천하면 사회전체적으로는 보이지 않는 손에 의하여 조화롭게 서로 형제애의 정신이 자연히 실천될 것으로 믿었다. 그리하여 민법에서는 박애 내지 형제애의 정신을 실천할 수 있는 구체적인 법규정을 거의 입법하지 아니하였다.

근대민법은 근대시민혁명 사상을 법에서 실천하는 것이 주된 목적으로서 모든 사람들이 인격적 존재로서 자유롭게 자기인격을 전개할 수 있는 법규정으로 성안이 되었다. 모든 사람이 법앞에 평등한 권리주체로서의 권리능력자이며, 모든 사람은 자유롭게 활동을 할 수 있는 자유의 존재이며, 자기인격의 자유전개를 위한 재산적인 기초로서 사소유권과 사유재산제를 인정하고 이를 제도적으로 보장하도록 민법을 구성하였다. 그리고 근대민법은 적극적으로 개인의 자유활동을 보장하였을 뿐만 아니라, 소극적으로도 자기의 귀책사유로 인하여 타인에게 발생한 손해에 대해서만 책임을 지는 과실책임의 원칙을 정립하여 자유로운 활동을 보장하였다. 이러한 근대민법에서의 자유주의, 개인주의의 이념을 실천할 수 있는 경제체제는 역시 개인의 경제활동의 자유와 사소유권을 보장하여 자유롭게 부를 축적할 수 있도록 하는 자본주의였다.

자본주의경제체제를 근대민법에서 보장하여 개인들이 자유롭게 경제활동을 하고, 자유로운 경제활동으로 얻은 부를 축적할 수 있도록 허용하면 사회전체적으로는 부가 증대하여 모든 사람들이 조화롭게 인간다운 삶을 살 수 있을 것으로 믿었다. 그러나 현실적으로는 그렇지 못하였다. 자본주의 경제체제를 근대민법이 지원하는 내용으로 입법하였지만 현실에 있어서는 생산수단에 대한 사소유권을 가진 자본가에게는 무한한 자유와 부를 향유할 수 있었지만, 가진 것이라고는 자기의 몸, 즉 노동력만을 가진 노동자들에게는 자유롭게 처분할 수 있는 것이라고는 노동력 밖에 없었으며, 노동력을 팔아 얻는 대가인 임금은 생존에 필요한 최소한의 정도를 넘지 못하였다. 그러므로 인하여 자본가와 노동자의 계급대립이라는 사회문제가 발생하게 되었다. 이러한 계급대립의 원인은 구체적인 사람(Mensch)은 능력이 동일하지 아니한데도 불구하고, 모든 사람이 동일한 능력을 가졌다고 인정(Person)하여 이를 민법에서 입법하였기 때문이었다.

근대 초기자본주의가 발전하여 산업혁명이 일어나 산업자본주의 시대가 시작되고서는 자본가와 노동자의 계급대립은 더욱 심해졌다. 그리하여 노동자들이 인간다운 삶을 살 수 있도록 하고자 하는 사회주의 사상이 대두되고 사회주의 운동이 유럽의 개별 국가만이 아니라 유럽전역으로 확산되었다. 사회주의 사상과 운동은 결국 프로레타리아 혁명사상과 혁명운동으로 확산되었다. 그러나 영국과 유럽대륙에는 프로레타리아 혁명이 시도는 되었지만 어느 나라도 성공하지 못하였다.[50] 그러나 프로레타리아 혁명은 유럽에서도 가장 낙후

50) 영국과 유럽대륙에서 프로레타리아 혁명이 성공하지 못한 것은, 사회주의 사상이 극단적인 혁명사상을 주장한 정통사회주의 사상보다는 사회주의를 원칙으로 하

하였던 러시아에서 1917년 볼쉐비키 혁명으로 성공을 하였다.

자본주의에 대한 사회주의 비판이 강해지면서 사회주의 내에서도 분파가 생기고, 그 중에서도 극단적인 사회주의 혁명을 주장한 정통 사회주의에 대해서 사회주의를 유지하면서 자본주의의 요소도 부분적으로 수용한 온건한 사회주의인 사회민주주의가 영국과 유럽대륙에서 세력을 키우고 정치적으로 영향력을 행사할 수 있게 되어 끝내는 사회민주주의를 이념으로 하는 정당이 집권을 하게 되는 결과에 이르렀다. 이러한 사회민주주의 이념에 따라서 인간의 절대적인 자유와 사유재산을 보호하던 자본주의에 변화가 오게 되어 자본주의자들이 사회민주주의자들의 주장을 용인하게 되었다. 그 결과로 19세기 말에서 20세기 초에 근대민법의 기본원리가 수정을 하게 되었다. 이 때 근대민법의 수정을 위한 이데올로기 내지 이념은 사회정의(social justice)였다. 사회정의의 이념은 적극적으로는 노동자의 인간적인 삶을 실현하도록 하면서, 소극적으로는 근대민법에서 인정된 절대적인 권리로서의 私權에 사회성과 공공성의 성격을 인정하고 강조하는 내용으로 민법발전의 방향을 제시한 이념이었다.

시회정의의 실현을 위한 입법은 노동자에게의 선거권의 인정, 의료보험, 산재보험, 장애보험, 최저임금의 법정 등의 노동자들의 인간다운 삶을 위한 사회법이었다. 이러한 사회법의 입법에 의하여 근대민법의 원리가 수정되고 이러한 사회법의 입법에 의하여 비로소 근대시민혁명사상이었던 박애의 정신이 구체적인 입법으로 구현되기 시작하였다. 그리고 사권의 사회성과 공공성을 인정하는 방향으로의 법리와 입법으로 구현되어 왔다.

면서도 자본주의 사상을 부분적으로 수용하는 온건한 사회민주주의 사상으로 성장하였으며, 정부도 노동자들의 인간다운 삶을 위하여 사회정의의 새로운 이념하에서 이를 실현할 수 있는 필요한 법적조치를 취하였으며, 그 무엇보다도 자본주의의 성장에 의하여 노동자들의 삶도 다소간 개선이 되었기 때문에 노동자들이 프로레타리아 혁명사상과 혁명운동에 소극적이었기 때문으로 이해된다.

제2절 근대민법의 기본원리의 수정 내용

1. 재산권 상대의 원칙

시민혁명의 인권선언 및 권리장전에서는 사유재산권을 천부의 권리로 인정하였다. 근대민법도 역시 이러한 재산권 절대의 사상에 입각하여 자유로운 소유권을 인정하였다. 그러나 사회정의의 실현을 위하여 재산권 절대의 원칙은 공공복리를 위하여 사유재산권에 대해서도 제한을 가할 수 있을 뿐만 아니라, 적극적으로 사유재산권을 공공복리에 부합되게 행사할 의무가 부과된 재산권 상대의 원칙으로 수정되었다.

재산권을 공공복리에 부합되게 행사할 것을 입법한 최초의 입법은 1919년의 바이마르 헌법이었다. 바이마르헌법 제151조 제1항에서 경제생활의 기본원칙을 규정하여, “경제생활의 질서는 모든 사람”에게 인간으로서의 가치있는 생활을 보장할 목적을 갖는 정의의 원칙에 적합하지 않으면 안된다. 이 한계내에서 개인의 경제적 자유는 확보되어야 한다”고 규정하고, 제153조 제1항에서는 “소유권은 헌법에 의해서 보장된다. 그 내용과 한계는 법률로 명시한다”고 규정하여 사유재산권을 사회정의의 실현을 위해서 법률로써 제한할 수 있음을 천명하였다. 그리고 본(Bonn)기본법 제14조 제2항에서는 “소유권은 의무를 수반한다. 그 행사는 동시에 공공복리에 봉사하여야 한다”라고 규정하여 사유재산권의 공공복리 적합의무를 규정하고 있다.

우리 헌법도 제119조에서 시장경제질서를 원칙으로 하지만 시장질서에 대하여 국가가 규제와 조정을 할 수 있도록 하여, 사회적 시장경제질서를 경제질서의 원칙으로 규정하고 있다. 그리고 헌법 제23조 제1항에서는 모든 국민의 재산권을 보장되지만, 그 내용과 한

계는 법률로 정하도록 하고, 제23조 제2항에서는 "재산권의 행사는 공공복리에 적합하도록 하여야 한다"고 규정하여, 사권의 사회성·공공성을 헌법에서 밝히고 있다.

우리 민법도 제211조에서 소유자는 법률의 범위내에서 그 소유물을 사용, 수익, 처분할 수 있다고 규정하여, 사소유권에 대한 대하여 법률로써 제한할 수 있는 재산권상대의 원칙을 규정하고 있다. 재산권, 특히 토지소유권에 대해서 공법적인 제한 규정을 수많은 법률에서 두고 있다. 그러므로 민법의 물권법에서 규정하고 있는 자유로운 소유권, 그 중에서 자유토지소유권은 현실에서는 존재하지 아니한다.

2. 계약공정의 원칙

근대시민법상의 계약자유의 원칙은 무엇보다도 계약내용이 공정할 것을 요구하는 계약공정의 원칙으로 수정되었다. 실질적인 계약자유가 유지되려면 계약당사자간의 힘의 균형이 유지되어야 가능하다. 그러나 현실에서는 모든 사람의 힘이 대등하지 아니하다. 사회적, 경제적 강자가 있고 사회적, 경제적 약자가 있다. 그러한 상사와 약자가 있고, 그들간에는 능력의 차이가 있음에도 불구하고, 근대민법은 모든 사람의 능력이 동일하다고 입법이 되었다. 그러므로 근대민법상의 계약자유의 원칙은 사회·경제적 강자에게는 무한한 자유이었지만, 사회·경제적 약자에게는 강자에게의 예속이었다.

이러한 사회, 경제적 강자와 사회·경제적 약자간의 계약에서는 양자가 힘이 대등할 수 있도록 보완되지 아니면 아니된다. 그리하여 사회·경제적 강자는 규제를 하고, 사회·경제적 약자는 보호하고 지원함으로써 실질적 계약자유의 원칙이 실현될 수 있었다. 그리하여 1920년대 초에 계약정의(Vertragsgerechtigkeit)의 이론이 수립되고, 계약정의는 무엇보다도 강자와 약자간의 계약의 내용이 공정하여야 함으로 계약정의의 실현을 위하여 계약공정의 원칙으로 계약자유의 원칙이 수정되었다. 계약공정을 이루기 위해서는 사회·경제적 약자들이 강자와 계약체결을 함에 있어서 힘이 대등할 수 있도록 지원하여야 하기 때문에 약자들, 특히 사용자에 대한 근로자들의 단체교섭권을 인정하였다.

계약공정에 관하여 바이마르 헌법은 제152조에서 법률에 따라 경제거래에 있어서 계약자유는 인정하되, 폭리를 금지하며, 미풍양속에 반하는 계약은 무효임을 천명하였다. 특히 바이마르 헌법에서는 계약의 자유를 인정하지만 법률로 제한할 수 있음을 밝히고 있다. 본기본법 제2조 제1항은 계약의 자유를 인격의 자유전개권(freie Entfaltung der Persönlichkeit)의 내용으로 이를 보호하면서, 그 인격의 자유 전개권은 다른 사람의 권리를 침해하지 아니하고, 헌법질서에 반하지 아니하고, 미풍양속에 반하지 아니하는 한에서 보장됨을 규정하여 계약공정의 원칙을 헌법에서 천명하고 있다.

우리 헌법은 계약의 자유를 직접적으로 규정하지 아니하고 행복추구권의 내용으로 규정하고 있으며(헌법 제10조 제1문), 민법에서는 적극적으로 계약자유를 규정하지 아니하고 소극적으로 선량한 풍속 기타 사회질서에 반하는 내용의 법률행위를 무효로 규정하여(민법 제103조), 미풍양속과 사회질서에 반하지 않는 한 계약의 자유를 인정하고 있다. 그러나 많은 특별법에서 계약의 자유를 제한하고 있다. 약관규제법, 주택임대차보호법, 노동관련법, 최저임금법 등의 사회법에서 계약자유를 제한하는 법규정을 두고 있다. 우리나라에서는 민법내에서 계약공정의 원칙을 인정하고 있다고 해석되지만, 그 실천은 특별법을 통하여 이루고자 하는 법관리의 태도를 보이고 있다.[51)]

51) 법정책적으로는 계약공정의 원칙을 실현하고자 하는 특별법의 법규정을 민법전내로 편입하도록 함이 앞으로의 민법의 발전방향이라 생각한다.

3. 무과실책임의 확대

위법행위로 인한 손해배상책임의 원칙은 과실책임의 원칙이다. 과실책임의 원칙은 비록 자신의 행위로 타인에게 손해가 발생하였다 하더라도 그 타인의 손해발생에 자기의 귀책사유가 없으면 손해배상책임을 지지 아니한다는 위법행위에서의 법원칙이다. 이 과실책임의 원칙은 소극적인 인간의 자유의 보호원칙이다.

과실책임의 원칙은 자본주의경제의 발전에 크게 기여한 법원칙이다. 산업혁명이후에 기계의 발명과 대규모 공장의 운영으로 인하여 피해를 입은 이웃의 손해를 귀책사유가 없는 한 배상책임을 지지 않게 한 법원칙이었기 때문에 산업자본주의 발전에 크게 기여하였다.

그러나 산업혁명 후 기계의 시대의 도래와 동시에 위험의 시대가 도래하였다. 위험한 시설, 위험한 행위로 인하여 발생한 이웃의 손해에 대해 귀책사유가 없는 한 배상책임을 인정하지 않는 것은 사회정의에 반하는 결과를 초래하였다. 그리하여 근대시민법상의 과실책임의 원칙하에서도 무과실책임을 인정하는 법률을 입법하지 아니할 수 없었다. 그리하여 과실책임에 무과실책임을 가미하는 방향으로 위법행위로 인한 손해배상책임의 원칙이 수정되었다.

한편으로 아무리 위험시대가 도래하였다 하더라도 산업활동이 없이는 생활을 할 수 없으므로 과실책임을 전적으로 무과실책임으로 전환할 수는 없다. 그리하여 독일에서는 법률에 의해서만 무과실책임을 인정하고, 유추해석을 하여 판례의 의한 무과실책임을 인정할 수 없다는 법원리를 정립하였다. 그 결과로 무과실책임의 인정은 오로지 법률로만 입법할 수 있도록 하여 기업의 산업활동을 보호하고 있다. 우리 나라도 역시 독일에서의 무과실책임에 관하여 법률에 의한 열거주의(Enumerationsprinzip)를 따르고 있다고 해석된다.

그러나 오늘날은 위법행위로 인한 손해배상책임을 무과실책임으로 하고, 예외적으로 불가항력이나 피할 수 없는 사유로 손해가 발생한 때에는 가해자를 면책시키는 방향으로의 입법이 이루어지고 있다. 국제물품매매계약에 관한 국제연합협약 제79조 제1항에서는 계약의 불이행으로 인한 손해배상책임을 무과실책임인 엄격책임(strict liability)으로 입법을 하였다. 독일에서는 특별법에 의하여 무과실책임인 위험책임(Gefährdungshaftung)을 열거해서 규정하고 있다. 우리나라에서도 무과실책임을 열거적으로 입법하여 인정하고 있다.

이와 같이 손해배상책임에 관한 과실책임은 이를 무과실책임으로 완전히 수정할 수는 없다. 왜냐하면 경제활동없이는 인간의 삶을 유지할 수 없기 때문이다. 무과실책임은 기업의 산업활동을 봉쇄하는 결과를 초래하기 때문이다. 그리하여 민법의 기본원리가 수정되었다 하더라도 과실책임을 무과실책임으로 완전히 수정하지는 못한다. 과실책임에 무과실책임을 가미, 확대하는 방향으로 수정할 수 있을 뿐이다.

제 3 절 수정원리의 민법전에서의 반영

근대민법의 기본원리에 수정은 민법전에서 실현하기 보다는 민사특별법으로 이를 실천하고 있다. 독일에서는 2001년 민법개정에 의하여 민사특별법의 내용을 민법전내로 많이 편입하였다. 보통거래약관법, 주택임대차관련법, 할부거래법 등의 특별법의 내용을 민법전으로 편입하여 민법전에서 근대민법의 기본원리에 대한 수정원리를 상당히 입법하였다. 물론 학설과 판례에 의하여 기본원리를 많이 수정하였다.

우리 나라에서는 민사특별법의 내용을 민법전내로 편입하고자 하는 민법개정작업은 전혀 추진되지 아니하고 있다. 민법전은 자유로운 민법으로 그래도 두고 수정원리는 민사특별법으로 입법하는 형태를 취하고 있다. 이러한 민법관리에 대한 태도는 우리나라에서는 자유시장경제의 원리를 민법에서 그대로 유지하고자 하는 사상에 기초하고 있고 판단된다. 그러나 독일과 유럽연합은 사회민주주의 사상에 입각하여 민법전내에서 사회민주주의 내지 사회적 시장경제의 원리를 실천하고자 하고 있다고 해석된다.

앞으로 사회·경제적 시대사정의 변화에 따라서 민법을 어떻게 관리해 나갈 것인지에 대한 깊은 검토가 있어야할 것이다. 저자는 민법이 사회법으로 발전해 나가야 한다고 생각한다. 민법에서 이웃사랑의 정신을 실현할 수 있도록 민법에 사회적 요소를 추가적으로 입법하여야 한다고 생각한다. 그것은 또한 자연법 사상의 민법에서의 실현이라 생각한다.

제 6 장

민법의 장래의 발전방향

제 6 장 민법의 장래의 발전방향

1. 사회법 원리의 민법에의 수용

근대민법은 자유주의와 개인주의가 최고의 가치로 주장되고 신장되었을 때에 그러한 자유주의와 개인주의를 기본사상으로 하여 제정되었다. 그리고 근대시민사회를 이끌어 나온 주도적 세력이었던 유산자를 인간상의 모범으로 하여 그들 유산자들의 인격과 자유와 재산을 보호할 수 있는 내용으로 입법이 되었다. 그렇기 때문에 지극히 자유주의적이며 개인주의적이고, 인간의 이기심을 자극하는 내용의 민법이다.

이러한 자유주의적이고 개인주의적인 민법이 제정되었을 때에 이미 이러한 근대민법전에 대하여 사회적인 요소가 없다는 비판이 있었다. 대표적으로 독일민법의 제정과정에서 독일민법 제1초안이 발표되었을 때에 게르만법학자 길케(Otto von Gierke: 1841－1921)는 독일민법 제1초안에는 사회주의적인 기름(Tropfen des sozialistischen Öls)을 첨가하여야 한다고 주장하였다.[1] 그리고 강단사회주의자(Kathedersozialist)였던 안톤 멩거(Anton Menger: 1841－1906)는 계약법에서 무산자계층의 이익이 전혀 고려되지 않았다고 비판하였으며, 특히 그는 고용계약에서 근로자의 인격과 건강을 보호할 수 있는 강행규정을 둘 것을 요

1) Otto von Gierke는 그의 논문, 민법초안과 독일법(Der Entwurf eines Bürgerlichen Gesetzbuches und das Deutsche Recht)에서 이러한 주장을 하였다.

구하였다.[1] 자유주의적이고 개인주의에 기초한 독일민법 제1초안에 대한 비판내용은 독일민법의 제정에 거의 받아드려지지 아니하였다. 다만 길케가 주장한 매매는 임대차를 깨뜨리지 못한다(Kauf bricht nicht Miete)는 주장은 독일민법 제2초안에 반영이 되어 입법이 이루어졌다.[2]

독일민법은 제정된 후 계속적인 개정으로 게르만법상의 사회적 요소를 독일민법에 추가 규정하는 노력을 기우려 시대의 변화에 탄력적으로 대응할 수 있는 살아있는 민법(lebendiges bürgerliches Recht)으로 변모를 하였다. 그 후 2001년에는 독일민법의 대개정, 소위 독일채권법의 현대화 작업에 의하여 사회적, 경제적 약자보호를 위한 특별법으로 존재하였던 사회법의 내용을 대폭 민법전내로 편입하였다. 대표적으로는 보통거래약관법의 민법에로의 수용(§§ 305-310 BGB), 주택임차료의 제한에 관한 임차료인상규제법의 민법전에로의 수용(§§ 557-561 BGB), 금융소비자보호를 위한 규정의 대폭적인 입법(§§ 491-512 BGB), 소유권유보부매매에 관한 규정의 신설(§ 449 BGB) 등에 의하여 독일민법전은 자유주의, 개인주의 민법에서 사회적인 민법으로의 그 성격이 크게 수정되었다고 평가된다.

우리나라에서는 민법 개정작업이 1999년부터 시작되어 부분적, 점진적으로 개정을 해 오고 있지만 자유주의, 개인주의의 민법전은 그대로 유지하면서, 사회, 경제적 약자보호를 위하는 민사법의 내용은 민사특별법으로 해결하고 있으며, 사회법에 속하는 민사특별법의 내용을 민법전에로 편입하려는 움직임은 보이지 않고 있다. 사회, 경제적 약자 보호를 위한 민사특별법으로서는 최저임금법, 근로기준법, 산업재해보상보험법, 주택임대차보호법, 이자제한법 등의 내용은 민법전에로 수용하여 입법할 가치가 인정되고 필요한 시기임에도 불

1) 김상용, 민법총칙, 제3판 (화산미디어, 2014), 46면.
2) 부동산임차권의 대항력 인정은 現 독일민법 제566조 제1항 및 제582조 제2항에서 계속되고 있다.

구하고, 신자유주의적인 사상의 강화와 세계화의 경향으로 오히려 자유주의적이고 개인주의적인 법으로 유지하겠다는 흐름을 보여주고 있다.[3)]

민법의 앞으로의 반전방향은 자유주의와 개인주의 사상적 기초는 유지하되, 자유의 남용, 극단적인 이기주의로의 발전 가능성이 있는 부문에서는 이를 규제하여야 할 것이며, 평화로운 사회공동체를 유지할 수 있도록 하고자 하는 사회법의 내용을 민법내로 수용하여 입법함이 바람직할 것으로 생각한다.[4)] 상대를 배려할 수 있는 이웃사랑의 정신이 민법내에서 실현될 수 있도록 민법의 내용을 사회법적인 요소로 채워가도록 함이 타당하다고 생각한다. 설명의무의 강화, 안전배려의무의 강화, 과도한 이자약정의 금지, 안정적인 임차료의 유지, 소비자보호, 도덕적 해이행위의 금지 등 부분적으로 사회적 요소를 강화하는 민법이론이 발전되고 있지만 이러한 내용을 민법전에 규정하여 생활속에서 실천되도록 함이 법정책으로서 바람직하다고 생각한다. 그리고 민법의 사회법화의 앞으로의 전개는 인간의 인권과 기본권의 민법에서의 강한 실현으로 나아가게 될 것이다.

이아 같은 민법의 사회법화로의 발전은 바로 이웃사랑(Nächstenliebe; caritas)의 정신을 법에서 실현하는 것이다. 법, 특히 민법은 정의(Gerechtigkeit)와 이웃사랑의 정신이 결합되어야 이상적으로 발전해 나갈 수 있다.[5)]

---

3) 생각건대 경제에 관하여 헌법재판소는 신자유주의적인 사상을 여실히 보여주고 있다고 보여진다. 대표적으로 개발이익의 환수를 위한 토지공개념 실천입법에 대한 위헌결정(헌재결정 1999. 4. 29. 94헌바37 외 66건(병합)), 구종합부동산세법 관련 헌법불합치 결정(헌재결정 2008. 11. 13. 2006헌바112, 2007헌바71, 88, 94, 2008헌바3, 62, 2008헌가12(병합))등이 가장 대표적인 사례로 해석된다.

4) 인간이 이기적인 동물인 이상 자본주의의 자유주의 정신은 살아야 하고, 동시에 인간이 사회적 동물인이상 사회주의의 공동체의식도 살아야 한다고 하는 견해도 있다(Vgl., 조순, 전게논문, 254면). 이 견해에서의 사회주의의 공동체 의식은 이웃사랑으로 해석함이 타당하다고 생각된다.

5) Thomas Osterkamp, Juristische Gerechtigkeit (Mohr Siebeck, 2004), S. 270.

2. 민법의 세계화

지금은 경제의 세계화와 국제화에 의하여 세계가 하나의 단일시장으로 변화해 가며, 개별국가가 단독으로는 살아갈 수 없는 시대로 진행하고 있다. 세계경제는 양자간 또는 다자간의 자유무역협정에 의하여 상호의존성이 강화되고, 지역적으로도 경제블럭을 형성하여 지역적인 경제동맹이 형성되고, 세계적으로는 세계무역기구(WTO)의 창설에 의하여 단일한 세계시장의 형성으로 나아가고자 한다. 이러한 세계시장의 단일화는 이를 가능케 하는 사상과 법적 뒷받침이 필요하다.

그리하여 세계시장의 단일화의 사상적 기초는 신자유주의 사상에 기초하고 있다. 물론 독립국가연합(CIS: Commonwealth of Independent States)과 같이 정치적인 이유로 경제동맹이 형성된 경우가 없지는 않지만, 일반적으로는 신자유주의의 사상에 기초하여 경제동맹들이 형성되어 무역장벽을 없애고 국제간에 자유로운 거래가 대량으로 이루어지도록 하고자 하고 있다.

이러한 세계화의 법에서의 현상은 지역적, 세계적인 법, 특히 거래법의 통일화로 나타난다. 유럽연합에서의 유럽계약법원칙(PECL), 국제물품매매에 관한 국제연합협약(CISG), 사법통일국제상사계약원칙(PICC) 등이 리이스테이트먼트 또는 국제조약의 형태로 만들어져 시행되고 있으며, 유럽연합에서는 이에 더 나아가 유럽민법전의 제정 및 유럽일반매매법(CESL: Common European Sales Law)의 입법을 위하여 유럽사법의 공통기준안(DCFR: Draft Common Frame of Reference), 유럽일반매매법에 관한 규칙을 위한 제안(Proposal for a Regulation of the European Parliament and of the Council on a Common European Sales Law) 등을 이미 만들어 통일유럽사법의 입법을 추진하고 있다. 이들

국제적인 통일거래법은 그 내용이 주로 영미법 원리에 바탕을 두고 발전된 것들이 많다. 그러므로 유럽대륙의 독일법을 계수한 우리 민법의 법원리에 부합하지 아니한 내용들이 적지 않다.

이러한 세계경제의 세계화의 흐름에 우리 민법이 대응하지 않으면 우리 나라 경제의 성장에 법적장애를 제공하는 결과가 된다. 세계적인 통일 거래법의 원리와 내용을 우리나라에서도 계수하여 우리의 사회, 경제사정에 부합되게 변용하는 노력을 지속적으로 기우려야 한다고 생각한다. 우리나라도 민법의 세계화의 시대적 흐름에 뒤쳐져서는 아니된다고 생각한다. 한편으로 민법의 세계화의 과정에서는 서로 다른 나라의 법을 동질화시키기 위해 공법이 사법에 개입하는 사례들이 많이 발생할 것으로 전망되고 있다.[6)]

3. 전통 민중법의 현대화

경제의 세계화, 국제화의 흐름에 따라서 우리 민법전도 발전되고 세계적으로 통일된 민법원리와 민법내용을 계수하면서 동시에 우리 민법전의 독자성과 고유성을 유지하도록 하여야 한나. 우리 민법전의 독자성과 고유성의 유지는 세계화의 흐름속에서 우리의 정체성과 고유성을 유지하는 민법의 법정책이다.

우리 나라에서는 역사적으로 국가가 만든 국가제정법과 우리의 민중속에서 민중들이 삶을 이어가기 위한 상부상조의 민중법[7)]이 있다. 국가제정법은 왕조의 유지를 위한 국가조직과 운영에 관한 법이 대부분이고, 민중이 삶을 위한 민사법은 불문의 관습법으로 이루어지고 그 내용은 유학의 가르침으로 구성되어 있다. 우리의 민중법으

6) Private Law: Key Encounter with Public Law, op. cit., p. 10.
7) 우리 나라에서의 민중법에 관하여는, 김상용, 한국법사와 법정책(피앤씨미디어, 2014), 12－126면 참조.

로서 민중의 공동의 사람을 영위하기 위한 상부상조의 법은 계, 향약, 두레 등 서로 돕고 사는 사회법으로서의 법이었다.

민중법은 문자로 기록되지 못한 내용이 많지만 우리 민중이 함께 더불어 살아가기 위한 법이다. 그러한 민중법을 발굴하여 현대화하는 일은 서양법을 계수한 우리 민법을 우리의 고유성을 살리고 정체성을 확립할 수 있는 방안이라 생각한다. 민중법의 현대화는 민법의 세계화에 서로 모순될 것 같지만 결코 그렇지 아니하다고 생각한다. 우리의 민중법을 현대화하여 세계화와 조화를 이루도록 변용하면 우리의 법감정과 우리의 사회·경제 사상에 가장 잘 부합하는 우리 민법을 만들어 나갈 수 있다고 생각한다.

4. 자연법으로서의 민법의 발전

민법의 발전방향은 무엇보다도 자연법적인 민법으로 성숙해 나가야 하는 것이다. 자연법은 인류의 보편가치를 찾아 그 가치를 실현하고자 하는 법이다. 제정된 법만을 법으로 파악하는 법실증주의에 대하여 자연법은 제정된 법도 제정되지 않은 법도 인류의 보편가치를 담아 인간의 행위를 규율하는 규범을 모두 법으로 파악하고자 하는 법사상이다.

현재의 민법은 그 주된 소재는 로마법이었지만 역사적으로 자연법 사상에 기초하여 계속해서 순화되어 왔다. 그리하여 인류의 가장 보편적인 가치를 담아서 제정된 가장 순화된 법이 근대시민법이다. 인류의 보편가치를 담아서 제정된 법인 근대시민법은 자연법의 부활의 과정을 통해 민법의 해석과 적용에 있어서 더욱더 자연법 사상이 구현되고 있다.

앞으로 민법은 더욱더 인류보편의 가치를 담은 자연법적인 민법으로 발전되어야 한다. 자연법 사상에서 가장 중요한 인류의 보편가치는 정의와 이웃사랑이다. 정의는 모든 사람이 각자 그의 몫을 가지고 향유할 수 있도록 하는 항구불변의 진리이며, 이웃사랑은 이웃을 배려하고 위하면서 이웃과 함께 더불어 평화롭게 살아가고자 하는 윤리이자 덕목이다.[8)]

전통적으로 이웃사랑은 사람과 사람간의 사랑으로 생각되었다. 그러나 오늘날은 사람과 사람간의 이웃사랑을 넘어서 사람과 자연과 서로 이웃으로 함께 살아가야하는 단계로 승화되어 가고 있다.[9)] 한 나라 내에서만의 사랑을 넘어 전지구적으로 서로 이웃하여 세계시민으로 서로 사랑하면서 살아야 한다. 이제 인간은 한 나라의 국민일 뿐만 아니라 세계시민으로의 자격이 인정되고 있다.

오늘날은 이러한 사람과 사람간, 사람과 자연간의 이웃사랑을 실천하고, 한 국가 내에서의 국민의 지위에서 뿐만 아니라, 세계시민으로서 함께 더불어 살아가야 하는 이웃으로 사해동포적인 삶을 살 것이 요구되는 시대이다. 민법도 한 국가 내에서의 민사생활뿐만이 아니라 세계시민으로서 서로 사랑하며, 자연도 이웃으로 사랑하면서 인류가 이 지구에서 영원히 생을 유지할 수 있도록 하는 자연법적인 내용으로 구성되고 발전되어야 한다.

8) 자연법 사상과 자연법에 관하여는, 김상용, 자연법론과 법정책 (피앤씨미디어, 2015) 참조.
9) 자연사랑의 민법에서의 입법은 대표적으로 1990년의 개정 독일민법에서 동물을 물건으로 보지 않는다는 규정을 들 수 있다(Vgl., § 90a S 1 BGB: Tiere sind keine Sachen).

찾아보기

[저자 약력]

金 相 容

서울大學校 法科大學 法學科 卒業(法學士)
檀國大學校 大學院 法學科 卒業(法學碩士)
서울大學校 大學院 法學科 卒業(法學博士)
忠北大學校 社會科學大學 法學科 助敎授
漢陽大學校 法科大學 敎授
延世大學校 法科大學 敎授
延世大學校 法學專門大學院 敎授
韓國土地法學會 會長
韓國民事法學會 會長
韓獨法律學會 會長
韓國法制硏究院 諮問委員
법무부 법무자문위원회 민법(재산법)개정특별분과위원회 위원
법무부 법무자문위원회 신탁법개정 특별분과위원회 위원장
법무부 법무자문위원회 남북주민 사이의 가족관계와 상속 등에 관한 특례법 제정 특별분과위원회 위원장
법무부 법무자문위원회 남북법령연구특별분과위원회 위원장
獨逸 Max－Planck－Institut für Ausländisches und Internationales Privatrecht에서 比較私法 硏究
독일 Frankfurt/M 소재, 막스 플랑크 유럽 法史硏究所(Max－Planck－Institut für Europäische Rechtsgeschichte)에서 法史學 硏究
獨逸 Trier 大學校에서 社會主義法과 社會主義的 所有財産의 私有化 硏究
독일 Köln 大學校의 住宅法 및 住宅經濟硏究所(Institut für Wohnungsrecht und Wohnungswirtschaft an der Universität zu Köln)에서 舊東獨住宅再建에 관한 硏究
독일 München 대학교 舊約學神學大學(Katholisch－Theologische Fakultät)에서 교회법과 자연법 연구
美國 School of Law(Boalt Hall), University of California, Berkeley에서 英美私法 硏究
일본 동경, 와세다대학에서 근저당권에 관한 비교연구
日本 교토(京都)의 同志社大學에서 法과 聖書에서의 正義에 관한 연구
中華民國(臺灣) 土地改革訓練所에서 土地思想 硏究
Hong Kong 中文大學校에서 아시아문화와 신학에 관한 연구
한국토지법학회 학술상 수상
독일, 훔볼트 學術賞(Humboldt－Forschungspreis) 受賞
옥조근정훈장 수훈

현, 대한민국학술원 회원
연세대학교 명예교수

주요 저서

민법총칙, 제3판, 화산미디어, 2014
물권법, 제3판, 화산미디어, 2016
채권총론, 제3판, 화산미디어, 2016
채권각론, 제3판, 화산미디어, 2016
민법개론, 화산미디어, 2015(공저)
西洋法史와 法政策, 피앤씨미디어, 2014
韓國法史와 法政策, 피앤씨미디어, 2014
自然法論와 法政策, 피앤씨미디어, 2015
民事判例評釋(1), 法元社, 1995
民事法研究(2), 法元社, 1997
民事法研究(3), 法元社, 2000
民事法研究(4), 法元社, 2000
民事法研究(5), 法元社, 2004
民事法研究(6), 法元社, 2007
民事法研究(7), 法元社, 2010
民事法研究(8), 法元社, 2013
민사법연구(9), 피앤씨미디어, 2015
比較契約法, 法英社, 2002
비교동산담보법, 법원사, 2011
根抵當權比較研究, 화산미디어, 2013
不法行爲法, 法文社, 1997
美國不動産法論, 三知院, 1986
土地法, 鄭愚衡 增補, 法元社, 2004
土地所有權 法思想: 大宇學術叢書, 人文社會科學 87, 民音社, 1995
不動産去來의 公證과 不動産登記의 公信力 研究, 法元社, 2008
不動産擔保法(改訂版), 법원사, 1996
바다와의 대화: 함부르크에서 홍콩까지의 항해(여행기), 법원사, 2001

민법사상사

초판인쇄 2016년 4월 5일
초판발행 2016년 4월 10일

지은이 김상용
펴낸이 박노일

총괄기획 김중용
편 집 심성보 · 김인숙

펴낸곳 pnc publishing and culture 피앤씨미디어
경기도 고양시 일산동구 강송로 153 310-1501
등록 제396-2012-000203호
전 화 070)7550-3758 팩 스 02)718-8554
홈페이지 www.pncmedia.co.kr 이메일 pnc@pncmedia.co.kr
ISBN 979-11-5730-285-7 93360

정 가 20,000원